DE M

Jean Mazaleyrat

ÉLÉMENTS DE MÉTRIQUE FRANÇAISE

Septième édition

ARMAND COLIN

AVANT-PROPOS

C'est une opinion trop couramment répandue que, depuis le célèbre *Vers français* de Grammont et depuis le *Petit Traité* qui en est le résumé, nul ne s'est, dans les pays francophones, avisé de mettre à jour nos connaissances et nos acquêts en matière de métrique française. Opinion juste et fausse à la fois, légitime et inique. Juste et légitime si l'on considère que, depuis près d'un demi-siècle, seuls quelques auteurs de manuels se sont fait un devoir de donner de la matière une vue générale, soit pour elle-même, soit en annexe à des traités grammaticaux. Juste et légitime, si l'on considère que nos étudiants manquent depuis longtemps d'un ouvrage de synthèse et que, même sans chauvinisme, il est quelque peu humiliant pour nous de devoir renvoyer amateurs ou spécialistes à la traduction française de la précieuse *Französische Metrik* de Theodor Elwert. Juste et légitime enfin si l'on considère que depuis Grammont les techniques mêmes du vers français ont changé, que ce qui était de son temps audace ou innovation est devenu forme poétique usuelle, et qu'il convient d'en tenir compte. Mais opinion fausse, inique même, si l'on veut bien se souvenir qu'à défaut d'ouvrages d'ensemble les études de détail se sont multipliées; que les travaux de phonétique, de stylistique, voire de linguistique générale ont éclairé bien des points obscurs ou posé plus nettement bien des problèmes; que plus d'une étude au titre apparemment limitatif (comme *Le Rythme du vers libre symboliste* d'Henri Morier) présente tout un corps de doctrine; et que les discussions mêmes dont les théories de Grammont ont fait l'objet ont eu pour effet, paradoxalement, d'en prolonger l'actualité.

Une synthèse pouvait-elle être utile? On a bien voulu nous le faire entendre. Nous savons les risques de l'entreprise, en une matière qui touche à tant d'objets. Le phonéticien nous trouvera mal informé; le linguiste, rétrograde; le grammairien, léger; le critique, lourd; le poète, pédant; tous, présomptueux. Mais nous avons vu tant d'étudiants, faute d'une information claire et mise à leur portée, pâlir sur la diérèse, broncher sur l'*e* muet, hésiter sur l'accent, faillir à la césure, et gâcher par des scansions aberrantes des impressions poétiques autrement fines et justes, que c'est à eux d'abord que nous avons pensé.

Les auteurs des traités de « versification » avaient autrefois pour objet d'apprendre à faire les vers. Nous avons souhaité seulement en faciliter, si faire se peut, la perception et l'intelligence. Prétention d'ailleurs déjà lourde pour le passé comme pour le présent. Pour le passé, car il fallait rappeler des règles, les expliquer, les illustrer, en justifier la tradition, qu'il est trop facile de méconnaître en couvrant ce qui n'est qu'ignorance du manteau de la liberté. Pour le présent, car il fallait orienter le lecteur dans le dédale du vers libre, en montrant, si possible, qu'il a aussi ses lois.

Le propos était trop utilitaire pour qu'on pût faire une large place à la science, à l'histoire, à la théorie ou à l'esthétique du vers. On s'est donc borné à ne donner de phonétique générale que ce qu'il faut pour comprendre les principes du rythme en français, de phonétique historique que ce qu'il faut pour éclairer la prosodie, de rappels historiques ou doctrinaux que ce qui a valeur d'explication, d'esthétique du vers que ce qu'on a cru nécessaire à une saine appréciation des réalités vivantes. Les simplifications ou les lacunes résultant de ce parti pris sont évidentes : analyse purement synchronique des notions de rythme ou d'accent, place réduite et presque marginale laissée au problème des origines et aux formes mêmes du vers médiéval, références doctrinales limitées, descriptions phonétiques sommaires, commentaires esthétiques réduits à l'essentiel. De ces défauts on tâche de prendre la responsabilité en connaissance de cause, en sacrifiant la finesse ou l'érudition à ce qu'on voudrait être la clarté. On renverra, pour les détails, aux ouvrages indiqués dans la bibliographie qui figure à la fin de ce volume, recherches de Georges Lote et Michel Burger sur les origines du vers français, tableau historique de Frédéric Deloffre, description analytique de Theodor Elwert, comptes rendus doctrinaux d'Yves Le Hir, dictionnaire critique d'Henri Morier, ainsi qu'aux études expérimentales de la réalisation phonique du vers poursuivies ou dirigées dans les laboratoires de leurs universités par Henri Morier à Genève, Georges Straka et Monique Parent à Strasbourg, Georges Faure à Aix. Tous ces travaux, nous ne saurions prétendre ni les remplacer ni les résumer. Nous aurions au contraire atteint un de nos buts si le présent ouvrage pouvait devenir une introduction à leur connaissance.

Le titre de ce traité en définit l'objet : dégager les principes qui déterminent la facture du vers français et permettre ainsi d'avoir des réalités techniques de la poésie une plus claire conscience. L'analyse s'applique à la poésie dont on peut penser qu'elle fait partie du monde culturel familier d'un lecteur ou d'un étudiant non spécialisés : entendons la poésie en français classique ou moderne. Seul un état de langue déterminé pouvait donner lieu à une étude cohérente des éléments et des structures de ses formes versifiées d'expression. L'ancienne poésie française ne fait donc l'objet que de rappels explicatifs, et seulement en cas de nécessité. On essaie en revanche de faire aux techniques récentes ou contemporaines la place qui leur revient dans l'expression poétique moderne.

L'ordre adopté dans la suite des chapitres est celui d'une étude technique d'œuvre ou de texte. En allant du simple au complexe, du plus visible au plus voilé, il indique au lecteur ou au commentateur éventuel les points d'application successifs désignés à son attention : perception du rythme et du mètre, identification et groupement des vers, détail des structures rythmiques, rôle des structures sonores.

Que ce terme redoutable et répété de *structures* n'éveille pas d'intérêt malsain : il est pris dans son sens le plus simple et le plus commun. C'est en effet une des idées directrices de

ces analyses qu'un vers, une strophe, un poème constituent, chacun pour sa part, un système aux éléments solidaires, fondé sur des rapports perceptibles et formant, chacun à sa manière, « une structure où tout se tient ». C'est en ce sens qu'on élargit la notion de rythme métrique de l'idée commune d'égalité ou de régularité à l'idée de rapport ou de proportion; en ce sens que l'on fonde, étroitement peut-être, la notion de strophe sur l'idée de système ordonnant l'agencement des mètres ou des rimes en un ensemble cohérent; en ce sens qu'on essaie de fournir, au milieu de la complexité des questions touchant à l'harmonie, un fil conducteur facile à suivre par la prise en considération constante du rapport des sonorités aux mesures rythmiques qui forment l'armature du vers. Tant il est vrai qu'au fond les impressions simples, et que le premier devoir de l'observateur est de les rapporter à quelques notions claires. Quitte à ajouter les nuances qui s'imposent, après.
les nuances qui s'imposent, après.

La collection dans laquelle ce livre prend place fournissait, par son esprit d'utilité, un champ favorable à l'application des idées qui nous ont guidé. On tâche d'en respecter le caractère pratique en ne traitant que les *éléments* et en illustrant par de nombreux exemples les explications proposées.

On simplifie de propos délibéré les définitions, las des discussions byzantines dans lesquelles le souci du détail fait perdre le sens des ensembles. On n'apporte pas de termes nouveaux : ceux de la tradition peuvent suffire. On tâche même avec quelque dilection d'en rajeunir quelques-uns, trop oubliés : *métrique* au lieu du grinçant et confus *versification*, dont nul n'a jamais précisé vraiment s'il était descriptif ou normatif; *prosodie*, qu'on n'a pas de raison de limiter à la poésie des langues classiques, et qui, comme il s'y applique au calcul des quantités, peut s'appliquer, par l'effet d'une transposition assez naturelle, au compte des syllabes en français. La volonté enfin de considérer les principes, d'expliquer si possible et non d'inventorier nous détourne de charger nos chapitres de ces catalogues de mètres, de types de strophes, de formes fixes, qui ne seraient que répétition de maints traités ou dictionnaires et disperseraient l'attention entre cent objets de caractère purement formel. Mieux vaut les présenter très utilitairement sous forme de lexique : c'est l'objet d'un autre travail[1]. Pour l'immédiat, un index terminologique renvoie, dans le présent volume, aux définitions et illustrations des notions techniques usuelles. On s'efforce, dans un souci d'unité terminologique dont les raisons sont faciles à concevoir, d'adapter les définitions à celles que donne, avec de plus riches nuances, Henri Morier dans son *Dictionnaire* devenu un classique de notre discipline ; lorsque, exceptionnellement, après réflexion et avec regret, on s'en écarte — par exemple dans le cas de la différence entre *mètre* et *rythme*, entre *rejet* et *enjambement* — on laisse le lecteur maître du choix le plus conforme aux règles de sécurité hors lesquelles toute science s'égare dans de vaines querelles de mots.

Comme il s'agit ici simplement d'expliquer, et non d'argumenter avec documents à l'appui, on n'a pas jugé indispensable d'alourdir les citations par des références détaillées : on s'est borné au nom de l'auteur. Les vers cités sont d'ailleurs tirés la plupart du temps de textes bien connus. Il serait ridicule et inconvenant de dissimuler que, si la plupart des citations — les modernes en particulier — proviennent naturellement de nos lectures ou dépouillements personnels, nous avons repris aussi un bon nombre de celles que nous fournissaient nos devanciers quand elles étaient probantes et adéquates à notre propos — et ce d'autant plus qu'une partie de l'ouvrage a été composée hors de France, dans un pays en état de guerre et dans des conditions d'information documentaire parfois difficiles. Nous devons donc des remerciements aux spécialistes dont nous avons utilisé les travaux, notamment Henri Bonnard, Frédéric Deloffre, Theodor Elwert, Yves Le Hir, Henri Morier, et il nous est agréable d'exprimer à leur égard notre sentiment de solidarité dans la recherche qui nous unit en même temps que nous leur disons notre gratitude.

---

1. *Vocabulaire de la stylistique,* voir Bibliographie p. 226.

CHAPITRE 1

RYTHME, MÈTRE, VERS

Question simple : qu'est-ce qu'un vers français? Et pourtant comment y répondre autrement que de façon partielle, imprécise ou surannée? Le nombre fixe des syllabes? Il a disparu, et d'ailleurs ne *fait* pas lui-même le vers (douze syllabes distribuées au hasard n'ont jamais constitué à elles seules un alexandrin). La rime? Elle est souvent abandonnée, ou diluée en appels et échos sonores en toutes positions dans la chaîne des mots. Le passage à la ligne? Ce serait bien dérisoire, s'il n'y avait rien de plus, et ce l'est effectivement quand il n'y a que cela; de même que, contre-épreuve facile, le sentiment du vers survit vigoureusement, s'il est réel, à la mise en lignes suivies : les coquetteries graphiques de Paul Fort, la prose métrique de maint texte surréaliste ou le verset facile à découper de Saint-John Perse nous le montrent assez.

Les caractères anciens se sont effacés et la conscience métrique demeure. Les révolutions poétiques modernes, si elles ont transformé des systèmes de valeurs, n'ont pas fondamentalement modifié la nature du vers français. Un vers d'Éluard après tout ne se lit pas autrement qu'un vers de Hugo ou même de Racine.

C'est parce que la nature du vers est indépendante des caractères qu'on pouvait croire primordiaux : syllabisme fixe, rime ou découpage particulier des unités du discours. Reste à dégager les vrais caractères, ceux qui sont communs au vers classique et au moderne, au vers régulier et au vers libre, à la prose métrique et à ces « lignes inégales » auxquelles la naïveté ou le bon sens de la boutiquière de Rostand limite apparemment l'art des vers (*Cyrano*, II, 1). Revenons donc aux éléments.

Accent de mot et accent de groupe

On sait les lois générales d'émission et de perception de la phrase française, et que tout mot non proclitique ou enclitique, c'est-à-dire non appuyé phonétiquement sur le suivant ou le précédent, porte un *accent* sur sa dernière voyelle, ou sur l'avant-dernière si la dernière est muette :

> chantEr, entretiEN, connaissANce,
> que dIs-je, pour venIr, qu'il viEnne.

De la nature de cet accent on ne discutera pas ici. La perception phonique ordinaire est une perception globale, et c'est elle d'abord qui retient l'attention. Les nuances d'accents de diverse nature — durée, hauteur, intensité — conditionnent des effets. Elles ne mettent pas en jeu le déroulement d'ensemble de la chaîne verbale soit émise, soit perçue, soit ébauchée dans une lecture apparemment muette.

Et l'on sait d'autre part que, dans le groupement des mots, s'établit, selon les unités de syntaxe et de sens, une hiérarchie naturelle des accents, l'accent de mot ordinaire s'effaçant en partie devant un *accent de groupe*, qui frappe, dans les conditions indiquées ci-dessus, la dernière voyelle non muette de chaque série cohérente :

> un fort accENt (effacement de l'accent de *fOrt*),
> tu fais miEUx (effacement de l'accent de *fAIs*).

Cette loi, pour courante qu'en soit l'application, n'a pas une valeur absolue. Elle souffre maints tempéraments, liés à la grammaire, à l'usage, au sens, à l'interprétation, au goût, et l'on touche ici à ce caractère relatif, voire subjectif, de la phonétique syntactique du français, qui empêchera qu'on puisse jamais en donner les règles sans en violer l'esprit. Tempéraments grammaticaux, comme dans le cas de l'adjectif postposé au nom et qui laisse à celui-ci son accent, même si lui-même porte l'accent de groupe :

un stYle ornÉ

Tempéraments d'usage, comme ceux qui tiennent aux volumes respectifs des termes en présence, en brisant l'unité accentuelle du groupe dès que les éléments en prennent quelque ampleur :

tu fAIs / beaucoup miEUx

— et il semble bien que, pour une sensibilité ordinaire, la cohésion phonétique du groupe ne résiste guère au-delà de 4 ou 5 syllabes. Tempéraments sémantiques, soumis aux nuances de l'unité conceptuelle : *une flEUr blEUe* garde deux accents dans l'ordre botanique; *la fleur blEUe* n'en prend qu'un dans l'ordre du sentiment. Tempéraments individuels enfin, liés aux intentions subjectives d'isolement ou d'insistance, et qui, pourvu qu'ils ne violent point les lois de la syntaxe ou les habitudes phonétiques, laissent au groupement accentuel des termes une large marge d'interprétation.

La notion de rythme

C'est, dans la chaîne verbale, la répétition de ces accents qui crée le sentiment du *rythme*. Tantôt on le définit par la régularité dans le retour d'un effet sensible (bruit, motif ou couleur, phénomène ou sensation), tantôt par l'alternance, tantôt par l'égalité, tantôt par l'approximation. Il semble qu'en matière de langage, et spécialement pour le français, il faille le définir par l'ordre.

Cet ordre est celui du retour des accents de groupe à des intervalles proportionnels et perceptibles. Et l'unité de mesure servant à la perception de ces rapports dans la conscience ordinaire de la langue, c'est la syllabe. Le sentiment du rythme dans une phrase française est donc fondé sur la perception d'*une série de rapports entre les nombres syllabiques de groupes délimités par leurs accents*. Dans cette phrase de Chateaubriand :

Le   désErt / déroulAIt / maintenANt / devant   nOUs / ses
    3   3   3   3

solitUd(es) / démesurÉes.
    4   4

le rythme de base s'établit de la façon la plus sensible sur le rapport d'égalité des nombres syllabiques des quatre premiers groupes, chacun de 3, sur le rapport d'égalité des deux derniers, chacun de 4, et sur le rapport de progression croissante (de 3 à 4) du volume des groupes d'une série au volume de ceux de l'autre. Lorsque Rousseau écrit, évoquant la fugacité des impressions du cœur :

Rien n'y gArde / une fOrm(e) / constANte / et arrêtÉe,
   3   3   2   4

la phrase fonde son rythme sur le rapport d'égalité des nombres des deux premiers groupes (3/3), sur le rapport de proportion du simple au double des deux derniers (2/4), et sur le rapport d'égalité des nombres d'ensemble respectifs des deux séries (6/6).

Les groupes ainsi perçus dans leurs rapports mutuels peuvent, de façon assez claire, porter le nom de *groupes rythmiques*, de *membres rythmiques* ou simplement de *mesures*.

Le système du vers

Mais, dans le sentiment du rythme, le rapport perçu n'est pas seulement celui de ces mesures entre elles. C'est aussi, on vient de le voir, le rapport des mesures aux séries que forme leur enchaînement, des unités de détail aux groupements d'ensemble. La proportion n'est pas seulement des parties entre elles; elle est aussi des parties à un tout.

Ce tout se définit par l'ordonnance que met dans un segment de la chaîne verbale une série cohérente de mesures liées entre elles par leurs rapports: séries de détail des mesures de 3, puis des mesures de 4 dans la phrase de Chateaubriand, séries de détail des mesures de 3 puis du système 2/4 dans la phrase de Rousseau; et aussi séries d'ensemble que déterminent les regroupements 6//6 ou 3//6//3 de la première phrase, soit :

Le / désert / déroulait // maintenant / devant nous
    3   3   3   3
       6   6

soit :

Le désert / déroulait // maintenant // devant nous
  3   3   3   3
       6

et séries d'ensemble que déterminent les regroupements 6//6 de la seconde :

Rien n'y garde / une form(e) // constante / et arrêtée.
   3   3   2   4
     6   6

Pour une sensibilité moderne, et indépendamment de toute considération d'ordre historique, ce sont ces systèmes de rapports qui constituent l'organisme global d'expression auquel on peut donner le nom de *mètre* ou *vers*. Des éléments annexes, maintenus ou non par la tradition — séparation graphique, repères sonores dont le plus usuel est la rime — peuvent en marquer les limites, en nuancer ou en enrichir les effets. Sauf exceptions à voir plus loin, ils n'en créent ni n'en modifient la structure fondamentale. Un vers (ou mètre) est composé d'abord d'*un système de mesures rythmiques fondé sur une série de rapports perceptibles des parties entre elles et des parties au tout.* En ce sens peuvent être reçus comme vers, dans le premier des exemples cités, tous les groupements cohérents à structure rythmique sensible.

Quelques types de ces structures pourront illustrer la définition :

(n° 1) Le désert / déroulait

$$\frac{3 \qquad\qquad 3}{6}$$

(n° 2) Le désert / déroulait / maintenant

$$\frac{3 \qquad\quad 3 \qquad\quad 3}{9}$$

(n° 3) Le désert // déroulait / maintenant

$$\frac{3 \qquad\qquad\quad \dfrac{\mathbf{3} \qquad \mathbf{3}}{6}}{9}$$

(n° 4) Le désert / déroulait // maintenant / devant nous

$$\frac{\dfrac{3 \qquad 3}{6} \qquad\qquad \dfrac{3 \qquad\qquad 3}{6}}{12}$$

(n° 5) Le désert // déroulait / maintenant // devant nous

$$\frac{3 \qquad \dfrac{\dfrac{3 \qquad 3}{6}}{} \qquad 3}{12}$$

(n° 6) Devant nous / ses solitudes

$$\frac{3 \qquad\qquad 4}{7}$$

(n° 7) Ses solitud(es) / démesurées

$$\underset{8}{\underline{\overset{4\qquad\qquad 4}{}}}$$

(n° 8) Ses solitu/des démesurées

$$\underset{9}{\underline{\overset{4\qquad\qquad 5}{}}}$$

L'inventaire est fastidieux. Encore n'est-il même pas complet, car d'autres groupements d'ensemble et de détail restent possibles. Il permet en tout cas, en se fondant sur les définitions données, de dégager quelques formules métriques :

n° 1 : vers de 6, fondé sur un rapport d'égalité 3/3 ;

n° 2 : vers de 9, fondé sur un rapport d'égalité 3/3/3 ;

n° 3 : vers de 9, fondé sur un rapport proportionnel d'ensemble 3//6, le membre de 6 étant lui-même établi sur un rapport d'égalité 3/3 ;

n° 4 : vers de 12, fondé sur un rapport d'égalité d'ensemble 6//6, chaque membre global de 6 étant lui-même établi sur un rapport d'égalité 3/3 ;

n° 5 : vers de 12, fondé sur un rapport de proportion 3//6//3, le membre global de 6 étant lui-même établi sur un rapport d'égalité 3/3 ;

n° 6 : vers de 7, fondé sur un rapport de progression croissante 3/4 ;

n° 7 : vers de 8, fondé sur un rapport d'égalité 4/4, en diction ordinaire, c'est-à-dire avec chute de e caduc ;

n° 8 : vers de 9, fondé sur un rapport de progression croissante 4/5, en diction poétique, c'est-à-dire en donnant à e caduc une valeur syllabique — au prix il est vrai d'une cacophonie (*dedé* dans la même mesure) qui ferait exclure cette scansion dès qu'on quitterait le terrain de la théorie, sur lequel on reste pour l'instant.

On voit de quels types peuvent être les structures rythmiques dans les vers : type *binaire*, c'est-à-dire à deux membres (formules n° 1, 3, 4, 6, 7, 8), type *ternaire*, c'est-à-dire à trois membres (formules nº 3, 5). Un type *quaternaire* est théoriquement concevable. Il est donné par les formules nº 4 et nº 5 si l'on ne tient compte que du détail des mesures (3/3/3/3). En fait les sollicitations de la phonétique syntactique, d'accord avec les tentations rythmiques à tous les degrés de la phrase, conduisent, par une hiérarchie naturelle des accents, à des regroupements de mesures en membres globaux : groupe « sujet-verbe » et groupe des compléments selon la formule nº 4, groupe central « verbe-adverbe » selon la formule nº 5. Ces regroupements limitent, même dans les vers longs, les structures rythmiques d'ensemble au type binaire et au type ternaire. Et, quand les unités de syntaxe ne les assurent point — en cas d'énumération par exemple —, le sens et le style y pourvoient spontanément. Dans le premier de ces vers de Hugo :

> CzArs, prINces, emperEUrs, maîtres du mONde, atOmes,
> Comme ces grands néants s'envolent dans la nuit!

il n'est pas besoin d'une exégèse très subtile pour mettre en regard d'une part l'énumération de détail des trois titres du début, d'autre part leur rassemblement sous forme d'une expression globale en antithèse avec le terme de dérision qui lui est accolé. Et la hiérarchie des accents s'établit d'elle-même, donnant au vers une structure de base binaire par subordination des accents de détail aux accents d'ensemble portant sur les syllabes sixième et douzième. Il n'est pas d'énoncé rythmique cohérent qui n'appelle des regroupements de cette sorte. On peut faire des structures binaire et ternaire les types fondamentaux du système du vers français moderne.

La notion d'*hémistiche*, qui correspond à une réalité toujours vivante, procède directement de cette observation. *L'hémistiche est, dans une structure métrique binaire, le membre rythmique de détail ou d'ensemble dont la syllabe tonique porte l'un des deux accents majeurs sur lesquels s'articule le système.* Membre « simple », sans regroupement de mesures, si l'on conçoit comme vers un système élémentaire du type :

> Le désert // déroulait

(vers de 6 articulé en deux hémistiches de 3). Membre « composé », avec regroupement de mesures, dans une formule comme :

Le désert/ déroulait // maintenant / devant nous

vers de 12 articulé en deux hémistiches de 6, chacun rythmé 3/3 pour son compte.

Membres égaux, dans ces deux exemples. Membres inégaux si, pour une raison de sens ou de style, intervient une répartition du type :

Le désert// déroulait / maintenant

vers de 9 articulé en deux hémistiches de 3 et 6, dont le rapport est perceptible, mais les volumes syllabiques inégaux.

L'hémistiche apparaît ainsi comme la caractéristique des ensembles métriques à structure rythmique binaire. Dans le cas des structures ternaires, on gardera à chacun des trois éléments, simples ou composés, sur lesquels s'articule le système, son nom de membre rythmique, groupe rythmique ou mesure. On définira donc le vers de Corneille :

Toujours / aimer,// toujours / souffrir,// toujours /mourir.

comme une structure rythmique ternaire à membres composés égaux 4//4//4, chacun d'eux rythmés 2/2 pour son compte. On regrettera que ces membres, puisqu'ils constituent eux-mêmes des ensembles de groupes secondaires, et forment, comme les hémistiches, les éléments fondamentaux d'une structure métrique originale, n'aient pas, dans la tradition terminologique, de désignation propre les distinguant des unités de détail que constituent les mesures simples. Dans le souci de ne pas alourdir un lexique déjà pesant on s'abstiendra d'en inventer.

Les limites du vers

La conception du vers telle qu'on vient de la définir pose le problème de ses limites. Ce n'est pas par hasard que les exemples initiaux ont été pris dans des textes en prose. On l'a fait pour montrer que les structures métriques ne dépendent pas, à l'ordinaire, de la présentation de l'énoncé.

Celle-ci, pour autant, n'est pas indifférente. Elle sert d'indicateur visuel, voire phonétique, par l'observance, à la fin de chaque vers graphique, de pauses ou d'accents majeurs. Codifiée ou libre, elle suggère les groupements d'ensemble dans le cadre desquels l'instinct rythmique peut s'exercer. Au besoin même elle les impose. Elle ne les crée pas. Lorsque Apollinaire publie en prose « L'Obituaire » et lorsqu'il le reprend en vers, pour en faire « La Maison des morts » d'*Alcools*, l'éclairage des segments d'énoncé est différent. Dans le second cas il impose une délimitation visible des unités verbales d'ensemble :

S'étendant / sur les côtés / du cimetière
   3   4   4

La maison / des morts // l'encadrait / comme un cloître
  3   2   3   3
     5   6

(soit deux structures métriques de 11 : la première, ternaire par progression croissante 3/4 suivie d'égalité 4/4 de mesures simples; la seconde, binaire par progression croissante 5//6 d'hémistiches eux-mêmes articulés sur des rapports l'un de nombres progressifs décroissants 3/2, l'autre de nombre égaux 3/3). Mais cette délimitation pouvait être sensible dans la présentation première. Les regroupements de la syntaxe y pouvaient pourvoir. La mise en vers graphiques a modifié peut-être, dans l'ordre du style, l'angle de vision des choses. Elle a isolé les ensembles métriques. Elle n'en a déterminé ni la structure ni l'unité.

Le pouvoir de l'écriture peut être plus réel quand elle dicte un choix entre divers possibles. Lorsque, un peu plus loin, dans la même pièce, le poète, mettant sa prose en vers, présente ainsi des ensembles au rythme fortement assuré :

> Trop tard
> Répondait la vivante
> Repoussez repoussez cet amour défendu

il impose, pour le deuxième, une scansion hexasyllabique là où la prose la laissait en balance avec un système octosyllabique l'unissant au groupe précédent :

> Trop tard / répondait / la vivante
>   2   3   3

Mais il ne crée pas de nouveaux rapports. Il choisit entre ceux que l'énoncé gardait en puissance, et qui, en tout état de cause, existaient déjà.

Monsieur Jourdain a donc tort :

> Nicole / apportez-moi / mes pantoufles
>   2   4
>   6   3

> et me donnez / mon bonnet de nuit.
>   4   5

constituent deux parfaites structures métriques de 9. Il n'y a pas, dans l'ordre du rythme, de différence entre la seconde et ce vers-ci de Verlaine :

> De la musique / avant toute chose,
>   4   5

pas de différence entre la première et celui-là :

> Plus vague / et plus solu/ble dans l'air,
> 2   4   3

La première s'offre même le luxe d'une double formule rythmique: ternaire par rapports successifs de proportion (2/4) et de progression décroissante (4/3), et binaire par regroupement possible des mesures proportionnelles en un hémistiche de 6, lui-même en rapport rigoureux avec un deuxième hémistiche de 3. On regrette ce langage barbare et ces assimilations grossières. On

redoute cette lourdeur de raisonnement et que l'ombre du Maître
de philosophie ne se profile dangereusement par derrière. Mais
enfin il faut voir les choses clairement et ne pas mêler les notions.
La poésie est affaire de fond et de style, la métrique n'est affaire
que de nombres. Le ton poétique peut marquer les syllabes, souligner les accents, que voile le ton prosaïque. Ceux-ci n'en existent pas moins. Essayer de démonter un système, ce n'est pas
prostituer la poésie pour autant. Après tout Sganarelle s'étonnait
bien aussi que la religion de Don Juan fût l'arithmétique.

Il est un seul cas où la présentation graphique détermine
absolument le système du vers. C'est celui d'une syllabe naturellement atone à la fin du segment que détache l'écriture. Car
c'est bien alors ce détachement qui, de façon artificielle, appelle
un accent sur cette syllabe, créant une structure métrique qui
autrement n'existerait pas. La préposition *de* est naturellement
proclitique. Qu'un Brassens coupe après elle le segment qu'il
veut détacher, comme il fait dans la chanson du *Gorille :*

> Supposez qu'un de vous puisse être
> Comme le singe obligé DE
> Violer un juge ou une ancêtre

et un système octosyllabique binaire apparaît, favorisé sans doute
par les entraînements du contexte, mais déterminé d'abord par
l'artifice de la présentation.

On sent ici l'ambiguïté de la notion de vers et la part que
prennent à sa création tantôt la nature, tantôt l'artifice. La
définition n'en change point. Le système cohérent des rapports
de mesures en reste la base. Mais les accents qui créent ces
rapports sont tantôt appelés de l'intérieur par les groupements
naturels de la phrase, tantôt imposés de l'extérieur par les groupements artificiels de l'écriture.

La nature opère seule dans la présentation de prose, et ces
vers d'Éluard n'ont pas besoin d'être isolés pour être sentis :

> Le très coquet / caméléon / de l'entendement
>   4   4   5
>   _____
>   13

```
verra / en bleu // ce qui ta/che le bleu
  2      2          3       3
     4              6
          10
```

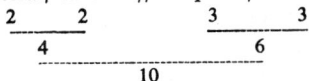

```
en bois / le ciel défunt // en or / le deuil des riches
  2         4              2        4
     6                        6
          12
```

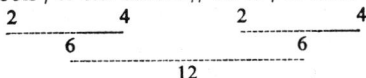

C'est nous qui les isolons pour en dégager les formules. Le poète, dans *Donner à voir*, les présente sans interruption ni passage à la ligne. Leur structure métrique n'en apparaît pas moins.

L'artifice marque les groupements naturels dans la tradition de la présentation versifiée :

> J'ai donné / le contour // à des char/mes informes;
> Des ru/ses de la mort // la trahison / m'informe.   COCTEAU

Il dirige au besoin le choix à faire entre eux :

> Trop tard
> Répondait la vivante

Il n'est pas exclu qu'il les force en élaborant, par décalage entre les bornes du mètre et celles de la phrase, des systèmes différents de ceux de la syntaxe, comme celui du premier de ces deux vers :

```
Souvenir,/ souvenir,// que   me   veux-tu?/ L'automne
  3          3               4            2
     6                           6
          12
```

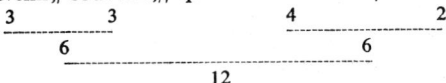

> Faisait voler la grive à travers l'air atone.   VERLAINE

Encore ici ne fait-il que modifier la hiérarchie des accents rythmiques en transformant en accent de vers (sur *automne*) ce qui ne serait qu'un accent de mesure.

L'artifice graphique crée de toutes pièces l'accent de vers, et donc le vers lui-même, en coupant la phrase après un proclitique, comme dans l'exemple de Brassens. Poussé jusqu'à la fantaisie, il peut même couper un mot :

Pour vous pein/dre la chose :/ un thER-

3	3	2

8

Momè/tre qui montait // n'est pas / redescendu.

2	4	2	4

6	6

12

T. DERÈME

On peut sourire ou s'indigner. Dans l'ordre métrique, peu importe. Le principe du vers n'en est pas modifié. Pour artificiel que soit l'accent, il existe. *Les limites du vers sont celles de la structure accentuelle d'ensemble par laquelle il se définit.* Peu importe si les accents sur les rapports desquels il est fondé sont dus à la nature ou bien à l'artifice. Prose linéaire, découpage naturel, découpage orienté, forcé ou fantaisiste, dès lors que se construisent des ensembles cohérents fondés sur des rapports sensibles, on peut parler de vers.

On peut aussi en marquer les limites, l'inférieure au seuil de perception d'une structure rythmique, la supérieure au point au-delà duquel cesse cette perception. On quitte ici, sans doute, le domaine propre de la métrique, pour entrer dans celui de la psychologie. C'est à elle qu'il appartient, par des expériences multiples, de fixer avec quelque rigueur ces points minimaux et maximaux, au demeurant variables selon les composantes de l'impression rythmique, la sensibilité ou la culture des individus. Il est permis néanmoins de former quelques hypothèses en se fondant sur l'observation.

S'il est vrai que la perception d'un ensemble rythmique établi sur un rapport de mesures est la condition nécessaire et suffisante pour créer la conscience du vers, on ne peut concevoir le seuil de cette conscience au-dessous des rapports les plus élémentaires : celui de 1 à 1, celui de 1 à 2. Il en résulte alors :

1) Qu'une mesure monosyllabique ne saurait à elle seule constituer un vers autonome;

2) Qu'un groupe dissyllabique n'en constitue un que si cha-

cune de ses syllabes peut porter un accent, formant ainsi une structure rythmique minimale;

3) Qu'un groupe de 3 syllabes et plus n'en peut former qu'à partir du moment où, dans son cadre, s'établissent des rapports sensibles : 1/2, 2/2, etc.

Théorie pure? Aberration historique? Mépris de la réalité? Il est bien vrai que, dans la pratique poétique, nombreux sont les exemples d'unités isolées ne répondant point à ces exigences et couramment appelées *vers*. On les trouve mêlées à des mètres clairement établis :

> Même il m'est arrivé quelquefois de manger
> Le berger.   LA FONTAINE

On va jusqu'à faire de leur succession la texture même du poème, comme dans la fantaisie monosyllabique de Jules de Rességuier, l'ami de Victor Hugo :

> Fort
> Belle
> Elle
> Dort.

Et les traités cataloguent des vers d'une, deux, trois syllabes comme ils inventorient les décasyllabes ou les alexandrins.

C'est qu'il faut compléter ici la notion de *structure interne* du vers (= rapport des nombres syllabiques de ses hémistiches et mesures) par celle de *structure externe*, c'est-à-dire par la considération de la série dans laquelle, éventuellement, il prend place. Or cette série peut s'ordonner à son tour par des correspondances sonores (rimes par exemple), par des égalités syllabiques (8-8), des alternances (12-8-12-8), des proportions (12-6). Si le vers a sa structure propre, ces types d'organisation apparaissent comme seconds et liés à une forme supérieure d'ordonnance du discours. Le vers s'y intègre, mais il existe sans eux. Si au contraire le vers est sans structure interne de par sa brièveté même (un seul accent), il ne reçoit statut métrique que par son intégration dans la structure externe que constitue le système dont il est un des éléments,

rime dans la citation de La Fontaine, égalité syllabique et organisation « embrassée » (*a b b a*) des rimes dans le quatrain de
Rességuier. Le vers peut donc se définir par sa structure interne
propre ou par la structure externe dont il fait partie. Dans le
premier cas, l'organisation externe n'est pas indispensable à la
conscience du vers : elle n'en est qu'un perfectionnement dans le
cadre d'un système d'ensemble. Dans le second cas, c'est l'organisation externe qui donne la conscience du vers : sans elle il ne
serait pas perçu comme tel.

Mais il existe aussi des segments du discours poétique que ne
vient organiser métriquement aucun système ni extérieur à eux, ni
intérieur. Le cas est fréquent dans le vers libre moderne, où se
trouvent de ces mots ou groupes isolés par la présentation graphique, tantôt en appel :

PERDRE   (1)
Mais per//dre vraiment   (2//3)
Pour laisser place //à la trouvaille   (4//4)

                                                    APOLLINAIRE

tantôt en paraphe :

Nous deux / nous ne vivons // que pour ê/tre fidèles (2/4//3/3)
A LA VIE

                                                        ÉLUARD

et sur lesquels la voix et l'attention s'arrêtent un instant comme en
point d'orgue, hors de toute chaîne métrique et de toute mise en
structure. Il s'agit alors d'*éléments hors cadre*, indépendants de
l'énoncé versifié, si librement le soit-il. On les prendra comme
tels, en leur donnant valeur, s'il y a lieu, dans le domaine du
style, mais sans les considérer comme des vers.

Les ensembles métriques étendus posent un problème d'un
autre ordre. Rien n'interdit, dans l'abstrait, qu'une série 10//20,
qu'une série 15//45, articulées dans le détail sur des mesures
aux rapports perceptibles, puissent former des structures rythmiques. Mais qui les sent *globalement* comme telles ? L'intelligence des ensembles métriques n'est pas abstraite. Ici intervien-

nent des réactions de segmentation, qui tendent à redistribuer les séries en groupements de détail structurés. Et, dès lors, de deux choses l'une : ou bien cette redistribution se fait par structures métriquement perceptibles, ou l'ensemble ne parvient pas à se réordonner dans ses parties. Dans le premier cas, on reste dans le système du discours versifié ; dans le second, on en sort.

Le premier cas est celui de cet ensemble de Gide :

> Des bateaux / sont venus / dans nos ports /// apporter / les fruits mûrs // de pla/ges ignorées.

9 (scandé 3/3/3) + 12 (scandé 3/3//2/4) ;

— de celui-là, de Claudel :

> Mon Dieu,// qui au commencement /// avez séparé / les eaux supérieures / des eaux inférieures,

8 (scandé 2//6) + 15 (scandé 5/5/5) ;

— de celui-là, d'Apollinaire :

> C'était / et je voudrais // ne pas / m'en souvenir /// c'était / au déclin /d(e) la beauté

12 (scandé 2/4//2/4) + 8 (scandé 2/3/3), ou 12 + 9 (scandé 5//4, si l'on donne valeur syllabique à l'*e* caduc) ;

— de celui-là, de Saint-John Perse :

> Quel est / ce goût d'airell(e) // sur ma lè/vre d'étranger,/// qui m'est / chose nouvelle // et m'est / chose étrangère ?

13 (scandé 2/4//3/4) + 12 (scandé 2/4//2/4 ou 3/3//3/3) ;

— ou de cet autre, d'Aragon :

> La clo//che de mon cœur /// chante/ à voix basse// un espoir / très ancien.

6 (scandé 2//4) + 10 (scandé 1/3//3/3).

Le second cas est celui de ces lignes de Péguy :

> Qu'elle avait le regard fixe en dedans et le front barré et qu'elle ne disait plus un mot.

(organisation difficile, pas de groupements stables) ;

— de celui-ci, de Cendrars :

> O Paris
> Grand foyer chaleureux avec les tisons entrecroisés de tes rues
> et tes vieilles maisons qui se penchent au-dessus et se réchauf-
> fent

(développement lyrique à partir d'une mesure hors cadre, sacrifice du rythme à l'image, groupements possibles, mais sans rapports sensibles) ;

— ou de celui-là, de Michaux :

> Icebergs, Icebergs, cathédrales sans religion de l'hiver éternel,
> enrobés dans la calotte glaciaire de la planète Terre.

(même type de mouvement, mais avec apostrophe intégrée dans l'ensemble).

On touche ici à la question, toujours posée, de la nature métrique du *verset*. C'est bien de cela en effet qu'il s'agit, si l'on peut dénommer généralement ainsi, par delà les acceptions diverses du mot, toute *unité de discours poétique délimité par l'alinéa et que son étendue empêche d'être globalement perceptible comme vers*. Et la réponse à donner semble pouvoir être la suivante : le statut métrique du verset dépend du résultat des segmentations qu'il appelle. Il entre ou non dans le système du vers selon que ces segmentations dégagent ou non des mètres sensibles. Le verset est donc *métrique ou non* selon le cas : ce n'est pas une forme versifiée originale et autonome.

Le poids de la tradition

Le problème des limites de la conscience métrique nous ramène à celui de la conscience rythmique. On a vu que celle-ci procédait du sentiment de l'ordre mis dans un énoncé par le retour des repères accentuels à des intervalles proportionnels et perceptibles. Mais selon quelles proportions et dans quelles limites de cette perceptibilité? La réponse est facile à donner dans le cas des rapports élémentaires établis par égalité, par proportion ou par progression simples et immédiatement sensibles (6/6, 2/4, 4/5, etc.). Mais comment définir, pour une conscience moderne, la qualité rythmique d'un système 3//5 :

> Vers le lit // de ma vigilance VALÉRY

d'un système 5//3 :

> Comme à cette fleur, // la vieillesse RONSARD

d'un système 4//3//5 :

> L'inflexion// des voix chè//res qui se sont tues. VERLAINE

d'un système 3//5//4 :

> Son manteau,// tout mangé des vers,// et jadis bleu, HUGO

voire des structures les plus vénérables, celles du décasyllabe de formule 4//6 :

> Fâché d'ennui,// consolé d'espérance. MAROT

ou de formule 6//4 :

> Maigre immortalité // noire et dorée, VALÉRY

pour ne citer que les types les plus simples, les plus communs et les mieux classés? En faire l'histoire n'est pas en définir le rythme. Et constater que l'octosyllabe est depuis longtemps un vers à césure libre, que le décasyllabe est ordinairement césuré 4//6 avec variante 6//4, ou que les groupements 4/3/5 ou 3/5/4 de l'alexandrin représentent des variantes « libérées » de sa formule ternaire, cela n'explique pas — car les rapports n'y sont point évidents — le fait qu'on les perçoive comme des structures cohérentes et autonomes, comme des vers au rythme bien établi.

Cela ne l'explique pas, mais cela le détermine. Il est une conscience rythmique *spontanée* : celle qui repose sur des rapports simples. Mais il en est une aussi *conditionnée* : celle qui procède des habitudes, de la mémoire et de la tradition. De celle-ci naît la perception de rapports qu'ignore l'arithmétique élémentaire du rythme. Le sentiment qu'on en peut avoir est un produit de l'histoire, non une exigence de l'esprit. C'est spontanément que nous percevons la structure rythmique d'un octosyllabe 4//4, d'un décasyllabe 5//5. Et pourtant la première n'est pas plus familière que celle d'un type 3//5, la seconde l'est moins que celle d'un type 4//6. La formule rythmique :

> Voie lactée //ô sœur lumineuse

l'est autant que la formule :

> Des blancs ruisseaux // de Chanaan   APOLLINAIRE

le type :

> Frères humains // qui après nous vivez,   VILLON

l'est davantage que le type :

> J'ai dit à mon cœur, // à mon faible cœur :   MUSSET

Cela tient simplement au fait que, par les hasards de l'histoire, des héritages latins, des pratiques anciennes, telle ou telle formule est devenue courante, imposant à l'esprit, comme par l'effet d'une seconde nature, des structures qu'il n'eût point, sans les pressions de l'habitude, senties nécessairement comme des systèmes cohérents. Structure rationnelle et structure coutumière peuvent coïncider, se renforçant l'une l'autre : c'est sans doute ce qui a fait la fortune de l'alexandrin. Elles peuvent donner lieu à des systèmes concurrents, comme dans les derniers exemples. C'est en tout cas la coutume qui, jointe ou non à la raison, a imposé à la conscience rythmique du français les ensembles de 7, de 8, de 10, de 12, dans le cadre desquels elle a fini par s'exercer avec tant d'aisance qu'elle a pu en modifier ou en combiner les structures sans en perdre le sentiment. Si bien que, paradoxalement, les assouplissements, libérations ou extensions du vers, dont on a fait si souvent des innovations révolutionnaires, ne sont au fond rien autre chose que le fruit de la tradition.

Le principe du syllabisme

On fait ordinairement de la syllabe l'unité de mesure permettant la perception des rapports rythmiques. D'où la définition du vers français comme un vers syllabique bâti sur des rapports accentuels. Mais qui dit unité devrait dire constance, identité de nature, égalité. Or on sait que pour les syllabes il n'en est rien. Les expériences phonétiques le montrent de reste : les syllabes d'une phrase, fût-elle ordonnée en vers, ne sont nullement égales. Le sentiment du rythme, la délimitation des groupes viennent de la perception d'un allongement de la syllabe tonique de chaque ensemble. Mais il n'est de valeur numérique rigoureuse ni de ces syllabes « longues », ni des « brèves » qui les séparent en en mesurant les retours. Non seulement elles dépendent des interprétations individuelles, mais encore elles sont liées à la nature des phonèmes qui les composent. On croit les syllabes semblables, alors qu'en fait elles ne le sont pas. *Le système du vers français, établi sur des rapports d'unités incertaines, est fondé sur des illusions.*

Mais, comme il en va souvent en matière d'art, ces illusions sont assez fortes, assez communément reçues comme cadres ordinaires de la perception pour que le système ne souffre pas de leur caractère aléatoire. Peu importent les nombres exacts et respectifs de centièmes de seconde des syllabes d'un vers. On *sent*, pour chaque membre rythmique, une succession de syllabes faibles ou brèves couronnée par une syllabe forte ou longue. Les valeurs absolues de chacune ne comptent pas. Seules comptent les valeurs relatives. Si bien que, dans la conscience courante, il n'est que deux unités de rythme fondamentales : les syllabes toniques de groupe, qui servent de repères, et les syllabes atones, qui mesurent leur espacement.

De là vient que le vers français soit et reste un vers syllabique, et tire de ce caractère même — sauf appellations traditionnelles comme celle de l'*alexandrin* — les noms qui distinguent ses types (*heptasyllabe, octosyllabe, décasyllabe*, etc.). Chercher comment il l'est devenu relève de l'explication historique, non de la description structurale. On ne s'y arrêtera donc pas et on renverra pour cela aux discussions de Georges Lote dans le premier volume de son *Histoire*, aux *Recherches* de Michel Burger et aux clairs résumés que donnent des unes et des autres Théodor Elwert et Frédéric Deloffre dans leurs ouvrages cités à la fin du présent volume. Mais on estimera utile d'en tirer les conséquences, qu'on peut présenter comme suit :

1. Si l'on admet que les syllabes sont les unités de mesure fondamentales en matière de rythme pour la comparaison des groupes, en matière de mètre pour la détermination des structures d'ensemble, il reste d'un intérêt majeur d'en sentir dans le vers le nombre exact, sur quoi finalement tout repose. On ne jugera donc pas suranné de rappeler les principes traditionnels de la *prosodie* — entendue, dans une perspective française, comme les règles et usages du compte syllabique — et d'en étudier les aménagements modernes, puisque aussi bien les rapports rythmiques et les structures métriques y restent liés. Il n'est pas indifférent que l'on scande en deux syllabes ou en une deux voyelles en contact (*anci-en* ou *ancien*), que l'on donne ou non valeur syllabique à l'*e* caduc (*maintenant* ou *maint'nant*, *comme si* ou *comm'si*), qu'on le compte ou non en fin de groupe :

> Entre des arbr(es) et des barrières   Éluard

Ce n'est pas qu'affaire de style et de ton. C'est aussi affaire de mètre et de rythme. Et en ce sens ces considérations d'apparence vétilleuse, secondaires dans le vers régulier, où le mètre fixe assure la scansion et, en général, résout les doutes, deviennent primordiales dans le vers libre, dont l'équilibre ne tient souvent qu'au poids d'une syllabe ou au décalage d'un accent.

2. Mais, si l'on admet aussi que les syllabes sont des unités illusoires, valables dans l'ordre rythmique par les rapports de leurs nombres, mais non par leur identité de nature ou de valeur, on est amené à se montrer aussi libéral sur leur exacte délimitation qu'on se doit d'être rigoureux sur leur décompte.

Cela ne va pas à dire qu'on puisse faire bon marché des prin-

compte syllabique conforme à la diction vivante, préférant au type prosodique ancien :

> Rolland avoit //deux espé-es en main

le type :

> Rolland avoit// deux espé(e)s en la main

où l'*e* est traité selon l'évolution en cours. Corneille hésite, tantôt allant de l'avant :

> Mantou(e), tu ne vois point soupirer ta province

tantôt comptant comme autrefois :

> Justifi-e César et condamne Pompée

— pour d'ailleurs se corriger ensuite en tournant la difficulté par une diérèse sans problèmes :

> Justifiant César a condamné Pompée

preuve de l'embarras de la prosodie classique en la matière.

Cet embarras apparaît dans la règle même de Malherbe, brutale dans sa simplicité : l'*e* muet final de mot après voyelle est exclu du vers. Il n'y peut paraître que si la difficulté qu'il soulève se résout en un des cas précédents, élision :

> La rappelle à la vi(e), ou plutôt aux douleurs.   RACINE

ou muette surnuméraire en fin de vers :

> Phèdre ici vous chagrine et blesse votre vu(e).   RACINE

Autrement, si les hasards de la phrase avaient dû amener les mots *vie* ou *vue* à l'intérieur du vers devant consonne (dans des groupes du type : *à la vie, c'est-à-dire,* ou : *et votre vue la blesse*), ils n'eussent pu, selon la règle, y figurer.

Il est facile de concevoir les contraintes qui en résultent pour l'élaboration de la phrase poétique : interdiction dans le corps du vers de tous les mots à finale muette après voyelle non seulement devant une initiale consonantique, mais encore en toutes positions s'ils sont à la forme plurielle (ainsi *vies* est exclu puisque l'*s* empêche l'élision) ; interdiction des formes verbales du type *tu oublies, ils avouent,* voire *aimées* ou *venues, que tu aies* ou *ils voient.* Ces exclusives forment de longues listes dans les traités traditionnels de versification. A peine sont exemptées de cette servitude les finales d'imparfaits et de conditionnels :

Mille exemples fameux pourrai(ent) l'autoriser   <small>CORNEILLE</small>

les formes *soient* et *aient* (alors que *aies* est interdit !) :

Je consens que mes yeux soi(ent) toujours abusés.   <small>RACINE</small>

Trois siècles de poésie française ont respecté ces règles, leurs contradictions, leur complexité — et leurs exceptions. C'est assez dire de quelles charges les a grevés la tradition. De ces charges il est bon de prendre quelque idée pour concevoir l'adresse des poètes, qui les ont supportées, en somme, sans en être autrement gênés.

Libertés modernes

Le système moderne du vers français apporte au problème de l'*e* caduc une solution libérale.

Le compte syllabique traditionnel reste observé dans les vers de forme régulière [1], affranchi seulement des servitudes de la

---

1. On notera cependant que parfois les modernes — liberté? recherche d'effet? désinvolture? inadvertance? — s'affranchissent de la règle de l'élision, pourtant conforme aux usages de la langue. Cette scansion de Verhaeren :

Je marche avec l'orgueil d'aimer toute la terre,
   D'être immensE et d'être fou
   Et de mêler le monde et tout
A cet enivrement de vie élémentaire.

celle-ci, d'Aragon :

La guerrE et sept ans de mort l'infanterie
Des songes décimés Marthe Élise et Marie

celle-là, de René Char :

   Rien que le vide et l'avalanche
   La détressE et le regret !

semblent indubitables compte tenu du contexte (octosyllabique pour tous les vers en cette position dans l'ensemble du poème de Verhaeren, uniformément alexandrin dans le texte d'Aragon, uniformément octosyllabique dans celui de Char). On voit qu'elles refusent l'élision et font grincer l'hiatus. L'analyse stylistique interprétera éventuellement les faits de ce genre. L'analyse métrique se doit en tout cas de les noter — et la diction de les respecter, muette de fin de mot après voyelle. Ces servitudes ont été d'abord timidement répudiées par la prosodie romantique dans quelques formes verbales :

> Pas un qu'avec des pleurs tu n'ai(es) balbutié   HUGO

ensuite communément repoussées selon la logique même qui étend à la fin de mot la règle pratique de l'amuïssement interne *(remerci(e) m'en* enfin traité comme *remerci(e)ment* — ce que la règle de Malherbe interdisait). Le respect de la vieille distinction n'est qu'un raffinement de lettré — d'ailleurs perdu pour le lecteur, puisque la règle est négative. Et réciproquement, n'était le souvenir des habitudes classiques, nul ne prendrait garde à la négligence légitime de telle muette abolie :

> Je vous salu(e) ma France aux yeux de tourterelle   ARAGON

de telle élision théoriquement impossible :

> Les sept épé(es) hors du fourreau   APOLLINAIRE

On notera éventuellement cette licence de prosodie moderne, mais sans oublier qu'elle a des références anciennes, qu'elle n'a soulevé des difficultés que par l'effet d'excessifs scrupules, que la pratique, même en poésie régulière, en est parfaitement conforme au système phonétique de la langue. Et on notera, à l'inverse, comme un archaïsme prosodique volontaire le compte à l'ancienne de l'*e* muet final :

> Nulle des nymphes, nulle ami-e ne m'attire   VALÉRY

qui appellera évidemment, vu l'écart qu'il représente par rapport aux normes de la diction, un commentaire de style.

Le problème de l'apocope et de la syncope est plus complexe. Les données en sont claires : il s'agit d'établir, par quelques amuïssements du langage courant, l'équilibre rythmique de vers que l'abandon d'une stricte prosodie syllabique peut laisser incertains. Mais alors interviennent tous les impondérables de l'usage, du ton, du goût. L'impératif majeur à respecter est net : réaliser le rythme, que le poète, libéré des conventions prosodiques traditionnelles, n'a laissé qu'à l'état virtuel. Encore convient-il que cette réalisation ne soit ni abusive ni artificielle.

C'est sans doute là le problème le plus complexe de la scansion du vers libre.

1. L'apocope en fin d'hémistiche y pourvoit assez aisément, et la *césure épique* retrouve dans le vers moderne une fonction courante et légitime:

> Une femme est plus bell(e)// que le monde où je vis　　ÉLUARD

2. L'amuïssement prosodique touche sans peine encore la fin de la mesure, étendant les effets de la césure épique à ce qu'on peut appeler sans forcer les termes (en adaptant la terminologie ancienne aux réalités du vers moderne) un système de *coupe épique*, soit en position principale dans une structure ternaire:

> Comme le vent //des mers terribl(es)//comme le vent　　ÉLUARD

soit en position secondaire dans une structure binaire à éléments composés:

> D'avance/ il l'absolvit//à caus(e)/ de sa beauté　　APOLLINAIRE

C'est qu'à la coupe comme à la césure la séparation des groupes rythmiques, marquée ou non par une pause, permet l'apocope prosodique (*e* existant, mais non compté) ou phonétique (*e* réellement amuï) aussi naturellement ou presque que la tradition l'autorisait à la fin du vers.

3. La pratique de l'*apocope à l'intérieur de la mesure* est plus difficile, la proche succession des consonnes rapprochées par la réduction partielle ou totale de la muette intermédiaire faisant toujours courir à une diction indiscrète le risque de la cacophonie ou celui de la vulgarité. Il importe, dans les cas douteux, de retrouver le rythme sans violer ni les lois de la langue ni les règles du goût. De ces règles et de ces lois l'exposé n'a pas sa place dans un traité de simple métrique. Elles sont clairement rappelées dans le *Dictionnaire* d'Henri Morier (art. *Caduc* et *E atone*), auquel on aura intérêt à se reporter sur ce point. Il est des apocopes en cours de mesure qui passent naturellement (sur un article, une préposition, une conjonction, un adjectif déterminatif, un pronom) :

> Tu te sens/tout heureux//un(e) rose/ est sur la table
>
> APOLLINAIRE

Il en est de plus incertaines, que peut appeler une considération de style, comme cet exact parallélisme, coucher de soleil et lever de lune, de Saint-Pol-Roux :

> La tach(e) de sang/ dépoint// à l'horizon/ de ci.
> La goutte de lait/ point// à l'horizon/ de là.

Il en est qu'autorise le ton familier de la chanson, comme dans ces décasyllabes sans alinéas de Paul Fort :

> [...] y avait sur chaqu(e) route// un Jésus en croix,///// y avait des marquis// couverts de dentelles,///// y avait la Saint(e) Vierge// et y avait le Roi.

Mais l'apocope en cours de mesure reste d'un maniement délicat. Et l'équilibre est souvent difficile à réaliser entre la recherche du rythme, le respect du ton juste et les habitudes de la diction. On touche ici sans doute à celle des libertés prosodiques modernes qui ébranle le plus fortement le système syllabique du vers français.

4. La question se pose dans les mêmes termes pour ce qui regarde la *syncope*. Celle-ci, comme l'apocope, a, on l'a vu, des précédents lointains. C'est elle qui, sans artifice, assure le rythme alexandrin de ce vers d'André Breton :

> Si seul(e)ment il faisait du soleil cette nuit

C'est elle que, de façon à peu près certaine, appelle le mouvement du poème, pour garder à cette série d'Henri de Régnier l'unité de ses rythmes pairs :

> Je voudrais des fleurs pour tes mains,
> Et pour tes pas
> Un p(e)tit sentier d'herbe et de sable,
> Qui monte un peu et qui descende
> Et tourne et semble
> S'en aller au fond du silence,
> Un tout petit sentier de sable
> Où marqueraient un peu tes pas.

(on étend ici la citation pour faire sentir les pressions du contexte). Mais il est évident aussi que la syncope utilisée sans tact déforme le mot, compromet la structure de la syllabe, frôle à tout instant prosaïsme et vulgarité. On soumettra ici encore, sans métromanie abusive, l'indispensable souci du rythme aux considérations du goût.

5. L'abondance des muettes dans la phrase française pose constamment le problème d'un choix à faire entre les apocopes et syncopes possibles. On se laissera, dans ce choix, guider par les soucis suivants :

D'abord *réaliser les structures rythmiques latentes.* C'est cette règle première qui fera préférer aux autres apocopes possibles — sans parler des considérations d'harmonie qui peuvent éventuellement s'y ajouter — celle qui établit sur bases rythmiques familières les structures à révéler : décasyllabique dans ce vers-ci d'André Spire:

> La gorge sèch(e), la bouche sans salive,

(formule traditionnelle 4//6); alexandrine dans celui-là de Cocteau :

> Un combat de pigeons glacés en plein(e) figure

(formule binaire 6//6 avec rejet à la césure, ou formule ternaire 3/5/4). Le choix des apocopes à pratiquer ne fait dans ces cas guère de doute.

En second lieu, *marquer les articulations du vers.* Cela revient à donner priorité (sur toutes autres réductions prosodiques) aux apocopes à la césure ou à la coupe, c'est-à-dire à celles dont le creux ou le vide phonétique qu'elles provoquent souligne le dessin rythmique du vers. Le contexte alexandrin indique de façon assez certaine la structure du premier de ces vers d'Eluard :

> Ta chevelure d'oranges dans le vide du monde
> Dans le vide des vitres lourdes de silence
> Et d'ombre où mes mains nues cherchent tous tes reflets

Un second hémistiche nettement équilibré (*//dans le vi/de du monde*) confirme cette structure. Les amuïssements prioritaires propres à établir la structure du premier hémistiche seront ceux des atones finales d'unités rythmiques, créant une césure épique *d'orang(es)* et une coupe épique *chevelur(e).* Cette dernière apocope s'écarte légèrement de la diction ordinaire, qui appellerait plutôt une syncope *chev(e)lure* selon le principe général, dans une suite de syllabes caduques, du sacrifice de chaque syllabe paire :

```
1   2    1  2 3     1   2 3 4
je l'dis, je t'le dis, je n'te l'dis pas.
```

On subordonnera aux valeurs rythmiques les habitudes de la prononciation. Et la scansion du vers sera :

Ta chevelur(e)/ d'orang(es)// dans le vi/de du monde

qui assure à la fois la réalisation du mètre et le poids poétique des mots. Il ne s'agit pas là de querelles vétilleuses sur des points de détail. Un exemple comme celui-là pose tout le problème des rapports modernes de la diction poétique et de la diction commune. Ce problème est moins simple qu'on s'est plu parfois à le dire. Ce serait une erreur de croire que la scansion du vers moderne n'a d'autres lois que celles du langage ordinaire. En en prenant quelques libertés, elle n'en épouse pas nécessairement tous les principes. Les lois majeures du rythme font toujours de la diction poétique une diction à part.

De cette dernière considération résulte un troisième impératif à observer dans le choix à faire entre les amuïssements possibles : *donner au vers l'expressivité optimale*, compte tenu du style et du sens. Les risques en sont évidents. Ce sont ceux de l'interprétation subjective, de l'arbitraire, de l'erreur. Mais, outre le fait qu'ils peuvent être limités par la juste intuition ou l'exacte analyse, ils sont à assumer comme le prix de cette recréation personnelle et permanente qui, arrachant la lecture poétique moderne à la passivité des automatismes, en enrichit les résonances et en renouvelle les impressions. Dans cette suite d'Apollinaire, au troisième vers de mètre incertain :

Le colchique couleur de cerne et de lilas
Y fleurit tes yeux sont comme cette fleur-là
Violâtres comme leur cerne et comme cet automne
Et ma vie pour tes yeux lentement s'empoisonne

le mouvement d'ensemble alexandrin suggère clairement pour ce vers le dessin métrique à adopter. Un second hémistiche sans problèmes le précise, en établissant son rythme sur l'accentuation légèrement forcée, mais poétiquement normale, d'un instrument grammatical (*//et co/mme cet automne*). Le premier demande, pour trouver son équilibre, un choix entre deux scansions apocopées : chute de la muette de *Violâtres* ou de celle du premier *comme*. Selon le principe précédent (priorité aux apocopes de fins de groupes rythmiques) c'est la scansion avec coupe épique qui doit prévaloir :

Violâtr(es)/ comme leur cerne// et co/mme cet automne

Mais cette scansion va contre une des lois générales de la phonétique des syllabes caduques, la « loi des trois consonnes », c'est-à-dire l'exigence de maintien de l'*e* quand sa chute mettrait trois consonnes en contact (opposition du type : *seuL'Ment/juSTeMent*). Cette loi devrait s'appliquer au cas de *violâTRes Comme*. Son application devrait même être facilitée, dans le choix de l'apocope à faire, par une tendance courante à l'abrègement (pour *comme*) des instruments grammaticaux en position proclitique. Si bien que tout porterait à scander :

Violâ/tres comm(e) leur cerne// et co/mme cet automne

Tout, sauf les exigences poétiques, qui une fois de plus doivent l'emporter. Le style du vers mérite considération par la légère recherche du vocable initial, par son système de comparaison aux effets élargis (l'entour des yeux étendu aux proportions du paysage). Il souffrirait mal cette diction commune, qu'il porterait, pour naturelle qu'elle puisse être, comme une vulgarité. Les règles et tendances de la langue trouvent leur limite dans les exigences de l'expression poétique. *Violâtres* se distingue par la délicatesse de la nuance qu'il apporte? On l'isolera par la coupe épique. Le parallélisme des deux *comme* est à éclairer? On les syllabera pareillement, ce qui soulignera le système des analogies, partie importante des valeurs poétiques du vers. La loi des trois consonnes est violée? On atténuera les inconvénients du fait, soit par une apocope prosodique mais non absolue, soit par une pause légère après *Violâtr(es)*, instant de contemplation et comme de recul observé avant que ne se renoue la chaîne des comparaisons. La scansion poétique l'emportera sur la scansion commune, pour raison majeure d'expressivité.

Les problèmes de ce genre se posent constamment dans l'interprétation du vers moderne. Il est trop facile de les nier en prônant l'abandon de la prosodie syllabique et en se livrant aux tentations d'une douteuse liberté. Le vers libre n'a pas supprimé les données du problème prosodique. Il n'a fait que les nuancer. Toutes les valeurs poétiques ne tiennent pas au poids, parfois dérisoire, des syllabes, aux impressions élémentaires nées de leurs équilibres et de leurs proportions. Mais il ne peut exister d'expression rythmique que par ces syllabes mêmes. De cette expression on n'abandonnera qu'aux limites du possible les pouvoirs et les plaisirs. Une exacte et, autant que faire se peut, intelligente prosodie reste encore le meilleur moyen de reculer ces limites à l'extrême.

Groupement des vers
LA STROPHE

Un vers de structure sensible peut à lui seul constituer un poème de forme métrique. C'est le cas du célèbre *monostiche* d'Apollinaire :

> Et l'unique cordeau des trompettes marines

Le champ qu'il ouvre à l'imagination, le mystère qui s'attache à son isolement, le sentiment d'incomplétude qui l'accompagne peuvent même faire une part non négligeable de sa valeur poétique. Mais il ne s'agit là que d'un cas extrême, et les vers d'ordinaire s'enchaînent par succession ou groupement.

Leur simple succession ne met dans l'énoncé que l'ordre qui provient de leur structure interne. Elle n'engendre d'effets que par la reproduction ou les changements de cette structure et des mètres autonomes dont celle-ci assure la formation. Aucun ordre supérieur ne vient se superposer à l'organisation propre de chaque vers considéré en lui-même : chacun ne prend valeur relativement aux autres que par similitude, variation ou contraste.

Le principe de liaison

Cet ordre s'ébauche dès lors qu'interviennent des éléments de liaison déterminant le groupement des vers en unités d'ensemble perceptibles.

Rappels sonores

Ces éléments sont, dans la poésie de facture ancienne ou traditionnelle, les *constantes sonores* que forment en fin de vers l'assonance ou la rime. Celles-ci, indépendamment de leur valeur esthétique ou évocatrice, ont alors pour fonction d'assurer, tant qu'elles se reproduisent, l'unité des séries où elles constituent la fin de chaque vers. C'est le rôle en particulier des assonances dans la *laisse* médiévale, suite de vers de même mètre, en nombre indéterminé, liés par l'homophonie de leur dernière voyelle accentuée, et formant une unité de thème ou de sens (une étape du récit, un moment du poème, un dialogue, un discours, une description, une réflexion).

Les ensembles minimaux établis sur rappels sonores sont les couples de vers à rimes *plates* (c'est-à-dire se suivant deux à deux : *a a b b* ...), dont la succession par vagues doubles assure la progression de l'énoncé versifié. Un ordre au second degré est créé quand se succèdent les couples de rimes de « sexe » différent, *masculines* (sans *e* muet final) et *féminines* (en *e* muet) dont l'*alternance*, régulièrement observée dans les vers de forme traditionnelle, rythme le déroulement du discours comme d'un souffle régulier. La concordance des unités de mouvement ainsi formées avec celles que dessinent les ensembles sémantiques et grammaticaux contribue à la stabilité des impressions poétiques :

L'harmonieux éther, dans ses vagues d'azur,	*a* (M)
Enveloppe les monts d'un fluide plus pur;	*a* (M)
Leurs contours qu'il éteint, leurs cimes qu'il efface,	*b* (F)
Semblent nager dans l'air et trembler dans l'espace,	*b* (F)

Comme on voit jusqu'au fond d'une mer en repos   c (M)
L'ombre de son rivage onduler sous les flots.   c (M)

LAMARTINE

La rupture du parallélisme entre les deux types d'unités crée au
contraire, par décalage ou distorsion dans le rapport des groupes
syntaxiques aux couples de vers, des impressions d'un dyna-
misme complexe, comparables, au niveau des ensembles, à celles
que produisent les phénomènes de « discordance » (rejet, enjambement) portant sur le vers lui-même (*cf.* ci-dessous, pp. 119 *sq.*).
Les décrochements savants du système des phrases et du système
des rimes chez Hugo en fournissent un bon exemple :

En avant! dit Kanut, levant sa tête fière.
Une seconde tache auprès de la première
Tomba, puis s'élargit; et le chef cimbrien
Regarda l'ombre épaisse et vague, et ne vit rien.
Comme un limier à suivre une piste s'attache,
Morne, il reprit sa route; une troisième tache
Tomba sur le linceul. Il n'avait jamais fui;
Kanut pourtant cessa de marcher devant lui,
Et tourna du côté du bras qui tient le glaive;
Une goutte de sang, comme à travers un rêve,
Tomba sur le suaire et lui rougit la main;
Pour la seconde fois il changea de chemin
Comme en lisant on tourne un feuillet d'un registre,
Et se mit à marcher vers la gauche sinistre.

Un autre type d'alternance, fondé non sur la tradition, mais
sur la nature du dernier phonème réel du vers, établit à l'époque
moderne un groupement non par rimes masculines et féminines, mais par rimes *vocaliques* et *consonantiques*. Cette série
de Verlaine :

L'ombre des arbres dans la rivière embrumée
    Meurt comme de la fumée,
Tandis qu'en l'air, parmi les ramures réelles,
    Se plaignent les tourterelles.

est, selon la métrique traditionnelle, entièrement composée sur rimes féminines : il n'y a pas d'ordre second par alternance. Mais on peut aussi la concevoir, selon une métrique purement phonétique, comme fondée sur une suite réelle de rimes vocaliques (en -*mé*) et de rimes consonantiques (en -*èl*) : alors se trouve recréé, par delà les illusions de l'orthographe, l'ordre supérieur d'une alternance vraie. Néanmoins le poids des habitudes, les suggestions visuelles, l'existence incertaine mais toujours virtuelle de l'*e* caduc empêchent que ce type de groupement, fondé sur un scientisme sans doute un peu brutal, soit réellement entré dans la conscience poétique du français. On n'en retiendra pas moins la possibilité, et, s'il y a lieu, les effets.

La liaison par la rime ou l'assonance s'applique parfois au vers libre lui-même, maintenant ainsi, au sein de la variété des structures rythmiques, un principe de groupement par rappels sonores plus ou moins distants :

> Nous regardons avec effroi les poulpes des profondeurs
> Et parmi les algues nagent les poissons images du Sauveur
>
> APOLLINAIRE

Il est évident qu'alors la liaison est d'autant plus lâche que les vers sont plus longs et leurs structures plus différentes et plus complexes. Cette liaison est éventuellement resserrée par un réseau de correspondances vocaliques (assonances) ou consonantiques (allitérations), systématiquement tendu au long des vers dont le groupement importe à l'énoncé. Ainsi se trouvent ajoutés aux échos des fins de vers des entrecroisements de rappels sonores qui font l'unité harmonique de l'ensemble (*cf.* p. 189). Des effets de contraste violent peuvent d'autre part résulter de similitudes sonores indiscrètes plaquées sur des systèmes rythmiques dissemblables ou incertains :

> Les inscriptions des enseignes et des murailles
> Les plaques les avis à la façon des perroquets criaillent
>
> APOLLINAIRE

On atteint ici la limite des groupements d'ordre métrique, le seul principe d'unité étant de caractère sonore, et les parallé-

lismes ou oppositions de caractère rythmique étant soit insen-
sibles, soit oubliés.

Rappels rythmiques

Un autre mode de liaison consiste dans ce que les théoriciens
du vers libre ont appelé *constante rythmique* ou *accent d'impulsion*.
Il s'agit d'une unité rythmique, simple (une mesure) ou composée
(deux mesures), qui revient, toujours la même, au long d'une
suite de vers, et qui, mêlée à des mesures ou à des unités métriques
de types variés, détermine par sa permanence la cohésion de
l'ensemble. Le principe de liaison n'est plus alors d'ordre sonore :
il est d'ordre rythmique, par la reproduction, à intervalles assez
rapprochés pour qu'elle soit sensible, d'un groupe syllabique
constant.

Ce principe n'est pas nouveau. Et l'on peut se demander si
la première application n'en réside pas dans l'hémistiche uniforme de 4, qui, face à son correspondant de 6 à structure variable (3/3, 2/4, 4/2), assure la monotone et massive unité d'attaque
du décasyllabe médiéval :

> LI REIS MARSIL(IE) // esteit en Sarraguce.
> ALEZ EN EST // en un verger suz l'umbre.
> SUR UN PERRON // de marbre bloi se culchet ;
> ENVIRUN LUI // plus de vint milie humes.
> IL EN APEL(E)T // e ses dux et ses cuntes.

Chanson de Roland

C'est en tout cas une technique courante de la poésie moderne,
surtout lorsque celle-ci renonce à la liaison par la rime, que de
grouper en un même mouvement une série de vers par une
constante rythmique.

Tantôt celle-ci est en position initiale et s'impose comme une
sorte de leitmotiv syllabique et accentuel :

> UN VISAge à la fin du jour
> UN BERCEAU dans les feuilles mortes du jour
> UN BOUQUET de pluie nue

TOUT SOLEIL caché
TOUTE SOURce des sources au fond de l'eau
TOUT MIROIR des miroirs brisés
UN VISAge dans les balances du silence
UN CAILLOU parmi d'autres cailloux
POUR LES FRONdes des dernières lueurs du jour
UN VISAge semblable à tous les visages oubliés   ÉLUARD

On peut hésiter ici sur les structures rythmiques à adopter, sur la distribution incertaine des apocopes. On n'hésite pas sur la constante d'attaque de 3 : elle s'impose quelle que soit la scansion et fait l'unité de l'ensemble.

Tantôt la constante se trouve détachée hors cadre, revenant de place en place dans une séquence dont elle soude les éléments par le double effet de la répétition stylistique et rythmique :

SI JE MEURS
moissonné par la vie,
fauché   par   la   durée,
SI JE MEURS
d'avoir oublié l'heure,
aux détails tristes de la vie,
SI LA MORT
étend sur moi le manteau pauvre,
SI JE MEURS
couché sur un large bouclier,
mon cœur battra de toi.   G. KAHN

Tantôt enfin la constante, initialement donnée, revient au fil des vers, à intervalles irréguliers, ici mesure, là hémistiche, ailleurs vers entier, impérieuse par une persistance qui en fait l'unité rythmique majeure et comme l'indicatif du mouvement poétique; tel le système de 5 dans cette évocation de Vielé-Griffin :

TROUBLANT / CETTE PAIX // D'ADORATION   **5//5**
    hémistiche   mesure-hémistiche

UNE CHA/SSE HURLE // à   travers / le vallon: **5//6**
    hémistiche

ET, LA MEUTE / EST FOLLE   **5**
    vers

Dans l'ombre aveugle,   **4**

ET LE COR / PROFOND   **5**
        vers

PAR LES TAILLIS / MEUGLE;   **5**
                   vers

C'est dans les groupements de ce genre, définis et unifiés par ce
qu'il appelait « accent d'impulsion », que Gustave Kahn, dans
sa théorie du vers libre, voyait la forme moderne de la strophe
(Préface du recueil *Les Palais nomades*, édition de 1897). Il posait,
ce faisant, un problème dont il faut, en matière de terminologie
autant qu'en matière d'esthétique, essayer de serrer les données
avec quelque rigueur.

Liaison et structure : la strophe

Qu'ils soient réalisés par liaison sonore ou par liaison rythmique, qu'ils soient marqués ou non par ces séparations visuelles —
et, partant, phonétiques, puisque accompagnées d'une pause —
que constituent les blancs de l'écriture ou de la typographie,
les groupements précédemment étudiés ne sauraient constituer
des strophes. Il y faut un principe d'unité supérieur, non par
simple liaison, mais par combinaison, non par simple répétition,
mais par élaboration d'une structure.

La liaison simple, la répétition, par l'effet des rimes plates,
par la reproduction d'un groupe rythmique, ont leur valeur et
produisent leurs effets. Ce n'est pas une valeur, ce ne sont pas des
effets d'ordre strophique. Le principe esthétique de la strophe
est autre. Ce n'est pas un principe de libre liaison; c'est un principe d'organisation plus stricte, fondée sur des correspondances
métriques ou sonores exactement distribuées et créant un effet
moins par leur existence que par l'ordre même de leur présentation. De même que le vers est une structure établie sur un système
de rapports sensibles entre les mesures, de même la strophe
s'établit sur un système ordonnant l'agencement des mètres
ou des homophonies de fin de vers en un ensemble cohérent.
Ce n'est pas le cas des séries précédentes. Leur seule unité réside

dans une répétition sans dessein directeur, et tel ou tel des éléments créateurs de cette unité pourrait, pourvu que la répétition restât assurée, changer de place ou disparaître sans que le groupement en tant que tel en soit affecté. Il en va différemment d'une strophe, où toute modification apportée à un élément de la structure (place des rimes, ordonnance des mètres s'ils sont différents) changerait cette structure même ou la détruirait. On a là deux types nettement distincts de présentation de l'énoncé poétique. C'est ce qu'avaient parfaitement conçu les théoriciens du système traditionnel de la strophe en limitant la définition formelle de celle-ci au *groupement d'une série de vers selon une disposition déterminée des homophonies finales et (si les vers sont de types différents) des mètres.* C'était en réserver nettement l'appellation aux unités d'ensemble formées par structure, en excluant celles qui se forment par répétition et succession inorganiques. Il n'y a pas lieu d'élargir cette définition. Ce serait fausser, en les confondant, des impressions d'art différentes et dont chacune a sa valeur spécifique, qu'il importe, dans une claire terminologie, de respecter.

On comprend au demeurant les causes de cette confusion. Elle tient à l'ambiguïté même des conceptions traditionnelles. Celles-ci en effet ajoutent à l'*unité de structure formelle* de la strophe, l'idée d'une *unité de thème* (sens complet, ensemble syntaxique, mouvement rhétorique ou poétique suivi d'un bout à l'autre de la strophe). Si bien que, dans un mode d'expression qui s'est voulu libre des déterminations préétablies, on a pu faire ensuite de cette unité seconde la condition suffisante de l'ensemble strophique, pourvu que l'isolement visuel par les blancs en marquât l'autonomie externe, et que quelques rappels formels y assurassent la liaison interne des parties. C'était renverser l'ordre des valeurs. La métrique est d'abord affaire de système ordonné, de structures sensibles, de rapports. Une unité de phrase, de souffle, d'évocation est de l'ordre du style, non de l'ordre métrique. Elle peut en renforcer ou en nuancer les effets; elle n'en est pas un élément constitutif. Il y a, on le verra, un aspect sémantique, grammatical ou thématique du problème de la strophe. Le principe ancien de la double unité impose qu'on en tienne compte. Mais l'estime qu'on en doit faire n'implique pas que la définition de l'ensemble strophique puisse lui accorder le premier rôle. Elle n'implique surtout pas que cette définition puisse s'y borner. On pourra donner aux types de séries modernes précédemment citées un nom qui en marque de façon explicite à la fois l'unité de thème et la liberté d'agencement et de dimension : *laisse* si l'on veut, « mutatis mutandis », en comparer les effets à ceux des séries médiévales; *séquence* si l'on veut, par un terme spécialisé, en indiquer la spécificité. On conservera les noms traditionnels de *tirade* à la série régulière bâtie sur rimes plates et alternées, et de *distique* à l'ensemble minimal de deux vers unis par la rime, l'assonance ou tout autre moyen de liaison. Et on réservera le nom de *strophe* aux groupements correspondant à la définition donnée (disposition déterminée des homophonies finales et éventuellement des mètres), définition à laquelle on gardera son caractère formel.

Système des homophonies

C'est sur lui que repose traditionnellement la structure de la strophe. Ces homophonies sont celles des *rimes* terminales des vers qui composent l'ensemble strophique. C'est là le système habituel. La nature n'en est pas changée si les rimes sont remplacées par d'autres types d'homophonies finales (vocaliques ou consonantiques) à condition que celles-ci soient assez nettes pour que leur agencement reste sensible. On reconnaîtra donc une structure strophique du modèle traditionnel dans ce système d'agencement des rimes par croisement et alternance de « sexe » :

Personne pure, ombre divine,	*a* (F)
Qu'ils sont doux, tes pas retenus!	*b* (M)
Dieux! tous les dons que je devine	*a* (F)
Viennent à moi sur ces pieds nus.	*b* (M)

VALÉRY

On n'en déniera pas la qualité à ce système croisé d'homophonies vocaliques (assonances *a* et *b*) — doublé, dans l'un des cas, d'une liaison supplémentaire par homophonie consonantique (allitération *c*) :

> L'autel bas s'orne de hautes mauves,
>   *a*
> La chasuble blanche est toute en fleurs.
>   *c b*
> A travers les pâles vitraux jaunes,
>   *a*
> Le soleil se répand comme un fleuve.
>   *c b*   VERLAINE

Mais la structure strophique reste-t-elle sensible dans la série suivante :

> Ni le soir calme, ni ces palmes immobIles,
>   *cad*
> Ni les astres montant comme de lentes bUlles,
>   *cb d*
> Rien ne me distraira de la source où se mIre
>   *eaf*
> Son blanc visage au vert de la fraîche ramUre.
>   *ebf*   T. DERÈME

Le système croisé des homophonies vocaliques (assonances *a* et *b*), au surplus voilé par la faiblesse de l'opposition des timbres *I/U*, résiste-t-il à l'appel impérieux de l'attention vers des homophonies consonantiques (*c-d* et *e-f*) en succession plate encadrant les voyelles selon un ordre différent ? La recherche réside ici dans le partage des impressions.

Si, face à cet exemple extrême, choisi précisément pour sa valeur topique, le lecteur était plus sensible au groupement des homophonies vocaliques par structure qu'à celui des consonantiques par succession, on en pourrait conclure que l'ensemble strophique créé par système d'homophonies s'établit le plus facilement sur un agencement de correspondances vocaliques. Ce serait normal, de par l'éclairage de l'accent dont bénéficient les voyelles. Mais il n'est, on le voit, que des cas d'espèce. On proposera simplement comme critère de l'ensemble strophique par homophonies *la perception nette d'une structure dans l'agencement des correspondances*, quelles qu'elles soient. De même avait-on choisi comme critère du vers celui de la perceptibilité d'une structure dans le système des rapports de mesures. Les données sensibles peuvent être de nature diverse. C'est leur cohérence perceptible qui conditionne leur présentation métrique à tous les niveaux.

Une strophe se définit donc, dans l'ordre phonique, comme *un groupe de vers formant un système complet d'homophonies finales*. On disait traditionnellement : « un système de *rimes* complet ». L'élargissement de la définition, amené par les observations précédentes, n'en change pas l'esprit.

Il faut donc, pour qu'il y ait strophe, que chaque fin de vers trouve une ou plusieurs fois, selon un mode d'agencement perceptible, sa correspondance phonique, jusqu'à clôture du système par réponse de tous les échos appelés, différés par d'autres appels, et progressivement obtenus. Le principe esthétique de la strophe est alors, dans cette perspective, comme un principe d'attente déçue, renouvelée, puis progressivement satisfaite, avec une distribution des homophonies qui ajoute à l'effet de la répétition le plaisir structural d'une organisation sensible. Ainsi se trouvent fixées nettement les limites mêmes de la strophe : ce sont *celles du système de correspondances par lequel elle se définit*.

Si l'on admet ces principes, il faut en tirer toutes les conséquences. De leur rigueur dépend la clarté des notions, et souvent la justesse des impressions.

1. La première est naturellement que *les blancs séparant des suites de vers ne suffisent pas à déterminer des ensembles strophiques*, si ces séries ne sont pas structurées selon le système précédemment défini. On sait le rôle important de ces blancs dans la présentation, moderne notamment, de l'énoncé poétique, où ils déterminent comme les mouvements du poème, l'association ou la disjonction des images, le développement ou l'arrêt du rêve ou de la réflexion. Les séries qu'ils servent à délimiter ne

constituent pas des strophes. Leur valeur et leurs effets sont autres. On s'abstiendra donc, pour les désigner, d'employer un terme qui ne prêterait, on l'a vu, qu'à confusion.

2. *Les séries en rimes plates isolées par des blancs ne sauraient non plus être appelées strophes,* puisqu'elles procèdent d'un groupement non par structure, mais par succession. Cette rigueur terminologique peut être gênante quand elle s'applique à des pièces où s'enchaînent, en des mouvements apparemment comparables, séries plates et séries strophiques, comme au début de *L'Emigrant de Landor Road,* d'Apollinaire :

> Le chapeau à la main il entra du pied droit
> Chez un tailleur très chic et fournisseur du roi
> Ce commerçant venait de couper quelques têtes
> De mannequins vêtus comme il faut qu'on se vête
>
> La foule en tous les sens remuait en mêlant
> Des ombres sans amour qui se traînaient par terre
> Et des mains vers le ciel plein de lacs de lumière
> S'envolaient quelquefois comme des oiseaux blancs

On maintiendra cependant la distinction. Seule la seconde série (formant un système embrassé *a b b a*) est à considérer comme une strophe. Et ce n'est pas tout à fait un hasard si la mise en forme strophique coïncide avec une montée de la tension lyrique, contrastant avec la présentation sérielle plus relâchée de l'humour du premier tableau. Le passage d'un mode de liaison des vers à un autre peut être alors interprété comme une indication de ton. La perception — et la claire expression technique — de nuances de cet ordre vaut sans doute l'effort de dominer les confusions d'une terminologie commode, mais erronée. On ne parlera pas ici d'une première et d'une seconde strophes : la première, en tant que telle, n'existe pas.

3. On sera d'avis d'appliquer la même logique à la détermination des limites de la strophe. On en a vu le principe : à système complet, strophe achevée. *On ne considèrera donc pas comme strophe unique un agrégat de systèmes réunis par la seule présentation visuelle,* c'est-à-dire se suivant immédiatement sans

séparation par un blanc. La série suivante est faite en réalité de
deux strophes :

Il n'est de vulgaire chagrin	*a*
Que celui d'une âme vulgaire.	*b*
Ami, que ce triste mystère	*b*
S'échappe aujourd'hui de ton sein.	*a*
Crois-moi, parle avec confiance :	*c*
Le sévère Dieu du silence	*c*
Est un des frères de la Mort;	*d*
En se plaignant, on se console,	*e*
Et quelquefois une parole	*e*
Nous a délivrés d'un remord.	*d*

MUSSET

La composition stylistique (énoncé de l'idée *a b b a*, amplification rhétorique *c c d e e d*) confirme la distinction proposée de
deux unités strophiques. La grande poésie oratoire de la tradition française est coutumière de ce genre d'agencement. On
notera donc, outre le groupement des vers en *strophes simples*,
l'existence de *systèmes strophiques composés*, dont on observera
la relation avec l'ordonnance stylistique de l'ensemble.

4. On distinguera de même de la strophe simple (une combinaison complète et unique d'homophonies finales) les *strophes
prolongées*. Celles-ci, le système une fois complet, en reprennent
une finale (dite *dominante* puisque plusieurs fois reproduite),
soit pour l'ajouter seule à l'ensemble, soit pour l'intégrer à un
nouveau système dont elle assure la liaison avec le premier.
Type de strophe prolongée à dominante simplement ajoutée : le
quintil d'Apollinaire, qui paraphe un système déjà clos d'un
trait supplémentaire et en élargit les échos :

Moi qui sais des lais pour les reines	a^1
Les complaintes de mes années	b^1
Des hymnes d'esclave aux murènes	a^2
La romance du mal-aimé	b^2
Et des chansons pour les sirènes	a^3

(système clos en b^2, dominante par adjonction a^3). Type de strophe prolongée à dominante réalisant la liaison entre deux sys-

tèmes : le septain romantique, où les deux systèmes emboîtés sur dominante de liaison assurent l'amplification poétique ou oratoire de l'ensemble tout en en maintenant l'unité :

Le crépuscule ami s'endort dans la vallée	a^1
Sur l'herbe d'émeraude et sur l'or du gazon,	b^1
Sur les timides joncs de la source isolée	a^2
Et sous le bois rêveur qui tremble à l'horizon,	b^2
Se balance en fuyant dans les grappes sauvages,	c^1
Jette son manteau gris sur le bord des rivages,	c^2
Et des fleurs de la nuit entr'ouvre la prison.	b^3

VIGNY

(deux systèmes : thème a^1 b^1 a^2 b^2, amplification b^2 c^1 c^2 b^3 ; dominante de liaison b assurant l'unité de l'ensemble).

5. Si l'existence du blanc visuel ne détermine pas un groupement strophique, son absence, par voie de réciprocité, n'en empêche pas la perception. *Des séries de vers dont les homophonies finales s'ordonnent en structures sensibles sont à considérer comme séries strophiques même si leur séparation visuelle n'est pas indiquée.* Certaines constructions versifiées du caractère le plus classique, telles que l'*Amphitryon* de Molière ou les *Fables* de La Fontaine, appellent sous ce point de vue une particulière attention, et leur composition, si rebattu qu'en soit le commentaire, peut encore en recevoir une lumière non négligeable. Ce peut être par le jeu d'une opposition fort simple, comme celle qui, dans *La Cigale et la fourmi*, distingue un donné en succession plate :

La Cigale ayant chanté
　　Tout l'été
Se trouva fort dépourvue
Quand la bise fut venue[...]

d'un dialogue à effet, de présentation strophique, où se produit la péripétie, éclairée par la tension stylistique qu'amène toujours le passage de l'enchaînement par succession au groupement par système :

La Fourmi n'est pas prêteuse,
C'est là son moindre défaut.
Que faisiez-vous au temps chaud,
Dit-elle à cette emprunteuse[...]

Ce peut être, plus subtilement, par l'effet de groupements nets, comme ceux qui éclairent sous des angles divers, dans *Le Vieillard et les trois jeunes hommes*, la série d'exposition initiale :

> Un octogénaire plantait.
> Passe encor de bâtir, mais planter à cet âge,
> Disaient trois jouvenceaux enfants du voisinage;
> Assurément il radotait.

les vifs échanges d'arguments :

> Il ne convient pas à vous-mêmes,
> Repartit le Vieillard. Tout établissement
> Vient tard et dure peu. La main des Parques blêmes
> De vos jours et des miens se joue également.

pour développer ensuite l'exposé doctrinal en succession plate :

> Nos termes sont pareils par leur courte durée.
> Qui de nous des clartés de la voûte azurée
> Doit jouir le dernier? Est-il aucun moment
> Qui vous puisse assurer d'un second seulement[...]

et relever la péripétie finale par le retour à la tension strophique. Autant d'éléments d'encadrement, de nuances de détail, d'indications de ton qui méritent qu'on les considère. La trop célèbre pratique scolaire qu'est la recherche du « plan » de ce genre de textes peut y retrouver quelques-unes de ses vertus.

6. Les *limites de la strophe* sont fixées par sa définition : pas de strophe sans système complet d'homophonies finales, aucune finale en suspens. Il n'est donc pas de strophe de moins de 4 vers, puisque chaque finale doit avoir, par combinaison et non par succession, une fois au moins trouvé son écho. En ce sens le *tercet* n'est pas une strophe. D'où le principe réel du *sonnet*. Ce n'est pas un poème en « quatre strophes » (2 quatrains, 2 tercets). C'est un poème en *trois* strophes : deux quatrains et un sizain, dont les formules ont varié selon les époques, les écoles, voire la fantaisie des poètes; la constante en demeurant un double agencement des rimes qui individualise deux systèmes quaternaires parallèles et un système sénaire d'opposition, d'ouverture ou de conclusion. Les formules traditionnelles *a b b a / a b b a /*

c c d - e e d, ou *a b b a* | *a b b a* | *c c d - e d e* en résument le prin-
cipe. Ce ne sont pas les seules. Mais toutes prouvent clairement
que la structure des deux tercets réunis forme un système cohér-
rent, c'est-à-dire une strophe unique, que chaque tercet à lui
tout seul ne saurait constituer. Et on ne laissera pas d'observer
le rapport éventuel de la composition stylistique et poétique
avec les formules strophiques, qui fait ressortir l'unité de mouvement des deux tercets. Les sonnets les plus célèbres de la tradition française le montrent assez :

> Plus me plaît le séjour qu'ont bâti mes aïeux
> Que des palais romains le front audacieux;
> Plus que le marbre dur me plaît l'ardoise fine,
>
> Plus mon Loire gaulois que le Tibre latin,
> Plus mon petit Liré que le mont Palatin,
> Et plus que l'air marin la douceur angevine. DU BELLAY

On comprendra de même, par l'effet d'inachèvement strophique
du tercet, le principe d'enchaînement continu qui fait l'originali-
lité de la *tierce rime*, où chaque finale laissée en suspens dans
un tercet fournit les homophonies majeures du tercet suivant,
jusqu'à conclusion, selon la formule la plus traditionnelle, par
un vers isolé qui clôt le dernier système : *a b a* | *b c b* | *c d c* | ... |
y z y | *z*. La fin du *Ribeira* de Théophile Gautier en est un clair
exemple.

> [...] Un jour, las de l'horrible et des noires couleurs,
> Tu voulus peindre aussi des corps blancs comme neige,
> Des anges souriants, des oiseaux et des fleurs,
>
> Des nymphes dans les bois que le satyre assiège,
> Des amours endormis sur un sein frémissant,
> Et tous ces frais motifs chers au moelleux Corrège;
>
> Mais tu ne sus trouver que du rouge de sang,
> Et quand du haut des cieux, apportant l'auréole,
> Sur le front de tes saints l'ange de Dieu descend,
>
> En détournant les yeux, il la pose et s'envole.

Il y a là comme un principe de décalage continu entre les groupements visuels (et sémantiques) et les groupements phoniques, avec concordance différée jusqu'à la fin. C'est ce qu'ont senti à l'époque moderne les poètes qui, sans plus s'astreindre aux formes fixes, ont su ménager par l'ouverture du tercet la continuité des impressions, comme le montre très simplement le chevauchement des ensembles dans *Automne* d'Apollinaire :

Dans le brouillard s'en vont un paysan cagneux	(*a*)
Et son bœuf lentement dans le brouillard d'automne	(*b*)
Qui cache les hameaux pauvres et vergogneux	(*a*)
En s'en allant là-bas le paysan chantonne	(*b*)
Une chanson d'amour et d'infidélité	(*c*)
Qui parle d'une bague et d'un cœur que l'on brise	(*d*)
Oh! l'automne l'automne a fait mourir l'été	(*c*)
Dans le brouillard s'en vont deux silhouettes grises	(*d*)

Les groupements strophiques réels *a b a b / c d c d* sont nets. Les groupements visuels et sémantiques ne le sont pas moins. La discordance des uns et des autres, accentuée par les pauses nécessaires, crée une impression ambiguë, que seule efface la concordance différée de la fin, et qui fait une part du charme indécis du poème. On saisit ici l'importance des blancs dans leur rapport avec les groupements strophiques. On croit faussement qu'ils les déterminent, parce que traditionnellement ils ont servi à les souligner. En fait, ils peuvent aussi bien, par le simple effet du mélange des différentes modalités de présentation du discours poétique, les contrarier, les nuancer, les affiner.

Système des mètres

Le système strophique est fondé sur la seule combinaison des homophonies finales en cas de permanence d'un même type métrique (4 octosyllabes par exemple) d'un bout à l'autre de la série. A ce système premier, d'ordre phonique, s'ajoute un second élément structural, d'ordre proprement métrique, en cas de combinaison, à l'intérieur de la strophe, de différents types de vers. Rien n'empêche d'ailleurs, dans une perspective moderne, qu'une strophe soit bâtie sur le seul agencement des mètres si celui-ci ordonne le groupement des vers en structures perceptibles. Un poème non rimé dont les vers seraient groupés en ensembles 12-6-12-6 par exemple peut être clairement senti comme un poème en strophes. C'est alors la reproduction du schéma qui assure la perception d'une ordonnance supérieure à la simple succession. Ce type d'expérience, cependant, n'a guère tenté les poètes, qui toujours adjoignent à la combinaison répétée des mètres quelque autre élément de liaison par rappels de caractère sonore, stylistique ou lexical, comme fait Éluard dans son célèbre *Hymne à la liberté* :

> Sur mes cahiers d'écolier
> Sur mon pupitre et les arbres
> Sur le sable et sur la neige
> J'écris ton nom
>
> Sur toutes les pages lues
> Sur toutes les pages blanches
> Pierre sang papier ou cendre
> J'écris ton nom

Les systèmes strophiques par groupements 7-7-7-4 renouvelés sont ici renforcés par les systèmes stylistiques de la litanie et du refrain. Rares sont les poètes qui se sont hasardés à construire des strophes de caractère uniquement métrique. Tout au plus précisent-ils par une combinaison de mètres une volonté d'ordonnance structurale que laisserait indécise la succession plate des homophonies finales, comme fait Ronsard dans cette strophe, que les rimes ne suffiraient pas à former :

> Et vous, forêts, et ondes
> Par ces prés vagabondes;
> Et vous, rives et bois,
>   Oyez ma voix.

La pratique de la strophe reste liée à celle des homophonies

de fin de vers, et spécialement de la rime. C'est pourquoi sa définition demeure fondée au premier chef sur les structures sonores,
la combinaison des structures métriques s'y ajoutant quand
elle existe, en en compensant au besoin l'insuffisance, comme
dans le dernier exemple, mais, dans la tradition française, ne
s'en détachant qu'exceptionnellement.

On conservera donc la répartition habituelle des strophes
en systèmes *isométriques*, fondés sur la seule combinaison des
homophonies finales avec maintien du même mètre, et en systèmes *hétérométriques*, qui ajoutent à cette combinaison celle de
mètres différents. Les premiers sont de structure simple, puisque
construits sur un seul mode d'agencement; les seconds sont de
structure double, puisque construits sur deux. On vient de voir
qu'un système hétérométrique de structure simple (c'est-à-
dire construit sur la seule combinaison des mètres) était parfaitement praticable. On a vu aussi que dans la réalité il n'était
guère pratiqué à l'état pur.

Ce ne sont pas là, au demeurant, que jeux mécaniques. Ils
ont déjà valeur en tant que tels dans la mesure où ils ordonnent
la succession des vers en correspondances, rapports et rythmes
au second degré, par delà l'ordre premier des structures accen-
tuelles qui composent les mètres proprement dits. Mais il
y a plus. L'ordonnance isométrique ou hétérométrique de la
strophe s'accorde aussi, dans le lyrisme français, au souffle
même du poème, dont elle épouse, voire détermine les mouvements descriptifs, oratoires ou affectifs. Les exemples illustres
n'en manquent pas, de la chute saisissante sur vers courts de
la période malherbienne :

> Là se perdent ces noms de maîtres de la terre
> D'arbitres de la paix, de foudres de la guerre:
> Comme ils n'ont plus de sceptre ils n'ont plus de flatteurs,
> Et tombent avec eux d'une chute commune
>   Tous ceux que leur fortune
>   Faisait leurs serviteurs.

à l'élan d'évasion par élargissement du mètre, de type baudelairien
(*Mon enfant, ma sœur...*) ou verlainien :

Je ne sais pourquoi
Mon esprit amer
D'une aile inquiète et folle vole sur la mer.
Tout ce qui m'est cher,
D'une aile d'effroi
Mon amour le couve au ras des flots. Pourquoi ? pourquoi ?

en passant par le souffle alterné de la méditation hugolienne —
isométrie sereine et sursauts affectifs de l'hétérométrie — qui fait
s'entrecroiser les efforts de sublimation spirituelle et les cris du
cœur :

Le monde est sombre, ô Dieu, l'immuable harmonie
Se compose des pleurs aussi bien que des chants,
L'homme n'est qu'un atome en cette ombre infinie,
Nuit où montent les bons, où tombent les méchants.

Je sais que vous avez bien autre chose à faire
Que de nous plaindre tous,
Et qu'un enfant qui meurt, désespoir de sa mère,
Ne vous fait rien, à vous !

Aussi convient-il, par delà l'analyse formelle des structures,
de considérer dans la strophe le rapport du système des mètres
avec le mouvement et le sens du poème. Ordre structural à la
base, ce système devient vite, par les impressions qu'il entraîne,
créateur d'effets. Et c'est la somme des deux qui en fait, quand
il existe, une composante majeure du sentiment poétique, dans
la mesure où celui-ci est affaire à la fois d'ordonnance et d'expressivité.

L'équilibre et l'effet global de la strophe, qu'elle soit iso-
ou hétérométrique, résident en somme dans une série de relations variables entre un système d'homophonies, un système
de mètres et le nombre et la dimension des vers. On observera
donc, dans la lecture ou l'analyse, les différents éléments qui
servent à la caractériser.

Formules isométriques

1. Elles sont fondées d'abord sur le *système des homopho-nies*, selon les combinaisons de base par schémas *croisés* (*a b a b*) ou *embrassés* (*a b b a*). Elles s'étoffent éventuellement par la reproduction d'homophonies en succession plate, qui retarde d'autant l'arrivée de la finale entrant en combinaison avec elles. Le nombre des vers au bout desquels revient cette finale a servi dans les vieux traités à dénommer le système : *rhythmus tripertitus* si c'est au bout de trois vers, donc après deux rimes plates (*a a b*), *quadripertitus* si c'est au bout de 4 vers, donc après trois rimes plates (*a a a b*). On retiendra ces termes commodes̄ en les francisant, et on appréciera la tenue oratoire que le double système tripartite donne par exemple à la strophe du *Cimetière marin* :

Quel pur travail de fins éclairs consume	*a*
Maint diamant d'imperceptible écume	*a*
Et quelle paix semble se concevoir!	*b*
Quand sur l'abîme un soleil se repose,	*c*
Ouvrages purs d'une éternelle cause,	*c*
Le Temps scintille et le Songe est savoir.	*b*

VALÉRY

2. On tiendra compte aussi du *type de construction de la strophe*, c'est-à-dire de l'agencement de ses homophonies selon des structures de type *simple*, *composé* ou *prolongé* (*cf.* ci-dessus, p. 86). Le puissant douzain de Hugo se caractérise ainsi comme un système strophique composé :

Longue nuit, tourmente éternelle !	*a*
Le ciel n'a pas un coin d'azur,	*b*
Hommes et choses, pêle-mêle,	*a*
Vont roulant dans l'abîme obscur.	*b*
Tout dérive et s'en va sous l'onde,	*c*
Rois au berceau, maîtres du monde,	*c*
Le front chauve et la tête blonde,	*c*

Grand et petit Napoléon!	*d*
Tout s'efface, tout se délie,	*e*
Le flot sur le flot se replie,	*e*
Et la vague qui passe oublie	*e*
Léviathan comme Alcyon.	*d*

Le schéma initial croisé (*a b a b*) indique le thème. La double combinaison quadripartite (*c c c d e e e d*) en assure le développement. Chaque système pourrait, au sens strict, former strophe à lui seul. C'est l'élargissement de l'un à l'autre qui fait la force de l'ensemble. On sera sensible de même à la composition, à la fois simple dans ses moyens et subtile dans ses effets, du huitain illustré par Villon : double formule croisée *a B a B / B c B c*, avec dominante *B* assurant d'une part l'unité phonique de la strophe par le jeu de la répétition, mais d'autre part aussi la symétrie de l'ensemble par redoublement central (*B/B*) et inversion subséquente des places (2e-4e / 1e-3e) :

Dictes moy ou, n'en quel pays,	*a*
Est Flora, la belle Rommaine;	*B*
Archipiada, ne Thaïs,	*a*
Qui fut sa cousine germaine;	*B*
Écho parlant quant bruyt on maine	*B*
Dessus rivière ou sus estan,	*c*
Qui beauté ot trop plus qu'umaine.	*B*
Mais ou sont les neiges d'antan?	*c*

Comme on éprouvera la rigueur de structure du dizain de Maurice Scève, établi sur composition de deux quintils en symétrie absolue :

L'aube éteignait étoiles à foison,	*a*
Tirant le jour des régions infimes,	*B*
Quand Apollo montant sur l'horizon	*a*
Des monts cornus dorait les hautes cimes.	*B*
Lors du profond des ténébreux abîmes,	*B*
Où mon penser par ses fâcheux ennuis	*C*
Me fait souvent percer les longues nuits,	*C*
Je révoquai à moi l'âme ravie,	*d*
Qui, desséchant mes larmoyants conduits,	*C*
Me fit clair voir le soleil de ma vie.	*d*

On voit le principe : deux groupements symétriques, donc à schémas inversés, autour d'un noyau central formé par le redoublement plat des deux dominantes (*BB / CC*), selon la formule d'ensemble *a B a B B / C C d C d*. Structure sévère et accordée à la méditation tendue de la *Délie*. Villon, en l'adoptant pour ses grandes ballades *(Pendus, Notre-Dame)* avait montré qu'elle pouvait soutenir aussi bien le lyrisme le plus simple et le plus direct.

3. Les formules isométriques appellent enfin quelque considération du *rapport existant entre la dimension des vers et leur nombre*. Les strophes, selon une tradition assez largement autorisée, se définissent ici par de claires métaphores : strophes *carrées* (nombre des vers égal au nombre de syllabes de chaque vers), strophes *horizontales* (où le nombre des vers est inférieur au nombre de syllabes de chacun), strophes *verticales* (où c'est l'inverse). Les premières sont liées à des recherches de poétique un peu artificielles. Il est difficile d'avoir simultanément une conscience précise des nombres syllabiques et du nombre des vers, et de percevoir l'égalité des deux comme ordonnance ou comme effet. Et ce n'est pas un hasard que le principe de la strophe carrée s'impose surtout dans la pratique des genres ou au sein des écoles (celle des Rhétoriqueurs par exemple) les plus attachés aux formes extérieures de l'expression poétique. Les formules strophiques réglementées d'un poème à forme fixe comme la *ballade* en sont une preuve. Mais qui se soucie du fait que celle des *Dames du temps jadis* soit en huitains d'octosyllabes, ou celle des *Pendus* en dizains de décasyllabes ? Leur beauté, même formelle, est ailleurs. Il n'en reste pas moins que, peut-être par le jeu des suggestions visuelles, plus une strophe se rapproche de la forme carrée, plus forte est l'impression qu'elle donne de cohésion et de fini; plus elle s'étale à l'horizontale (4 alexandrins par exemple), plus l'emportent sur les structures strophiques les effets de phrase et de rythme interne des vers; plus elle s'aligne à la verticale, plus sensibles sont — car il s'agit presque nécessairement de vers courts — le retour des homophonies et le détail des sensations :

Et d'étranges rêves,
Comme des soleils
Couchants sur les grèves,
Fantômes vermeils,
Défilent sans trêves,
Défilent, pareils
A des grands soleils
Couchants sur les grèves.   VERLAINE

On aurait tort cependant de donner à ces impressions la valeur de lois générales. Il en va ici du dessin des strophes comme ailleurs du dessin et de la dimension des vers. Aucune forme n'est prédestinée à tel ou tel type d'expression. On observera les éclairages différents sous lesquels les diverses sortes de groupement peuvent présenter l'énoncé poétique. Mais on se gardera de toute interprétation a priori.

Formules hétérométriques

Les strophes hétérométriques se caractérisent d'ordinaire, on l'a vu, par un double système de combinaisons : celui des homophonies et celui des mètres. Aux considérations précédentes s'ajoutent donc, dans la conscience que l'on peut prendre de leur structure et de leurs effets, plusieurs détails supplémentaires dont on tiendra compte comme suit :

1. *Le système des homophonies* conserve naturellement son importance. Mais il n'est plus seul à déterminer la structure de la strophe. Y contribue pour sa part *le système des mètres* en parallélisme ou en décalage par rapport au système des sonorités. Et, comme on est sensible à l'équilibre renforcé qu'assurent à tel type célèbre de strophe les exactes correspondances d'une double formule croisée (*a b a b*, 12-6-12-6) :

Mais elle était du monde où les plus belles choses
        Ont le pire destin;
Et, rose, elle a vécu ce que vivent les roses,
        L'espace d'un matin.   MALHERBE

aux mouvements parallèles, dans tel autre, des mètres et des rimes identiquement embrassés (*a b b a*, 12-8-8-12) :

> Dès le matin, par mes grand'routes coutumières
> Qui traversent champs et vergers,
> Je suis parti clair et léger,
> Le corps enveloppé de vent et de lumière.   VERHAEREN

de même percevra-t-on la discordance subtile des deux structures (celles des rimes, embrassée; celle des mètres, croisée), dans la formule strophique contrariée à laquelle Paul-Jean Toulet a laissé le nom de *contrerime* (*a b b a*, 8-6-8-6) :

> Une fille passe. Elle rit
> De tout son frais visage:
> L'hiver de ce noir paysage
> A-t-il soudain fleuri?

La strophe hétérométrique ne se définit donc pas seulement par la coexistence des deux systèmes : son esthétique propre se fonde aussi sur leur relation. Ce principe, appliqué ci-dessus aux formules les plus simples par croisement ou embrassement, est naturellement et à plus forte raison valable pour les formules plus complexes. On en retiendra notamment l'observance dans l'agencement autrefois appelé *coué* (*caudatus* 'à queue') et selon lequel un écourtement du mètre correspond à tel ou tel type de combinaison des rimes. Le terme s'applique traditionnellement aux formules tripartites ou quadripartites où des rimes plates séparent des rimes isolées et situées chacune au bout d'un vers plus court :

> Se mourant en sommeil, il se vivait en rêve,
> Son rêve était le flot qui montait de la grève,
> Le flot qui descendait;
> Quelquefois, vaguement, il se prenait attendre...
> Attendre quoi... le flot monter — le flot descendre —
> Ou l'absente... Qui sait?   T. CORBIÈRE

« Double formule tripartite couée » selon la terminologie ancienne. On conservera celle-ci si elle ne paraît pas trop lourde. A défaut de celui de l'élégance, elle a le mérite de la clarté. On l'étendra même sans inconvénient à tout système fondé sur des compo-

santes métriques à formules écourtées, avec ou sans intervention
des séries en succession plate. On pourra donc définir cette strophe
d'Aragon :

> Quand je ne pourrais veiller ni dormir
> Ni battre les murs quand je ne pourrais
>   Plus être moi-même
> Penser ni rêver ni me souvenir
> Ni départager la peur du regret
>   Les mots du blasphème

comme une triple attente et un triple parallélisme de rimes,
soutenus au point de vue métrique par une double structure
couée. Mais surtout, par delà les appellations d'une scolastique
vite insupportable quand elle devient indiscrète, on observera
les combinaisons des appels et réponses phoniques avec l'agencement des mètres, les modes d'ordonnance, les rythmes de correspondances qu'apportent ces combinaisons à la présentation des
phrases et des mots. Tout l'art de la strophe hétérométrique
réside dans l'établissement de ces rapports; toute la conscience
de cet art, dans leur perception.

2. Aux considérations déjà faites sur la construction et les
dimensions de l'ensemble s'ajoutent de même, pour les systèmes
hétérométriques, celle du *profil de la strophe* selon les combinaisons des différents mètres, et l'observation des effets qui
peuvent en résulter. Ce profil est évidemment déterminé par le
resserrement ou l'*élargissement* du mètre à partir du premier
vers de la strophe, qui sert d'indication initiale de mouvement,
resserrement simple à valeur de clausule :

> Ainsi, toujours poussés vers de nouveaux rivages,
> Dans la nuit éternelle emportés sans retour,
> Ne pourrons-nous jamais sur l'océan des âges
>   Jeter l'ancre un seul jour ?   LAMARTINE

resserrement double à valeur de point d'orgue, de prolongement,
ou d'écho :

> Lorsque nous devrons aux enfers descendre
>   S'il est des enfers,

> Nous n'habiterons le même scaphandre,
> Ni la même mer.   COCTEAU

élargissement simple à valeur d'amplification oratoire :

> Guide notre âme dans ta route;
> Rends notre corps docile à ta divine loi;
> Remplis-nous d'un espoir que n'ébranle aucun doute,
> Et que jamais l'erreur n'altère notre foi.   RACINE

élargissement double à valeur d'élan renouvelé :

> Je suis l'alouette de Mai
> Qui s'élance dans le matin à tire d'ailes,
> Je suis l'alouette de Mai
> Qui court après son cœur jusqu'au bout du ciel gai.   M. NOEL

Encore ne s'agit-il là que de profils élémentaires et d'impressions sommaires. Resserrements et élargissement peuvent se combiner, notamment dans les strophes composées, selon des formules plus complexes, qui servent aussi bien l'élasticité d'allure de la poésie légère :

> Laissons le lit et le sommeil
>   Cette journée.
> Pour nous l'Aurore au front vermeil
>   Est déjà née.
> Or que le ciel est le plus gai
> En ce gracieux mois de mai
>   Aimons, mignonne;
> Contentons notre ardent désir.
> En ce monde n'a du plaisir
>   Qui ne s'en donne.   PASSERAT

que l'ampleur et la tenue de la grande poésie oratoire : les Stances du *Cid* en sont un assez bel exemple. Il n'est pas même jusqu'à la technique du vers libre qui ne sache à l'occasion, par un groupement organisé des rimes et des mètres, profiler une strophe en un ensemble suggestif, comme on le voit aux élargissements progressifs, rompus et renouvelés, que peut imposer à l'enchaînement des vers un souffle puissant en même temps qu'ordonné :

> Depuis que je me sens
> N'être qu'un merveilleux fragment
> Du monde en proie aux géantes métamorphoses,
> Le bois, le mont, le sol, le vent, l'air et le ciel
> Me deviennent plus fraternels,
> Et je m'aime moi-même en la splendeur des choses. VERHAEREN

On a observé parfois que la tradition essentiellement rhétorique de la poésie française strophique marquait, dans son souci de la clausule ou de la pointe, une nette préférence pour les profils à resserrement. Et il est bien vrai que, dans la série des derniers exemples, celui de Lamartine ou celui de Cocteau illustrent les types les plus familiers et les plus fréquents. L'attention portée aux formules couées participe des mêmes habitudes. C'est pourquoi sans doute les strophes à évasement, pour classiques qu'en soient la plupart des schémas, font toujours plus ou moins l'impression d'un écart générateur d'effet. De ces tendances il peut être juste de tenir un compte nuancé dans l'estime à faire des valeurs stylistiques de la strophe. Il serait abusif de leur donner force de lois.

Cohérence et succession des strophes

Le principe d'organisation qui préside à l'existence des strophes apparaît jusque dans les détails de leur structure interne et de leur groupement.

Équilibre et unité

Unité d'expression globale, la strophe obéit traditionnellement à deux exigences propres à assurer son autonomie et sa stabilité.

La première est celle de l'*unité de thème*, c'est-à-dire que la strophe fournit un ensemble syntaxique et sémantique complet, sans déborder sur la suivante ni par la phrase ni par le sens.

La seconde est celle d'un *équilibre mesuré*, que crée la présence d'une *césure strophique*, celle-ci repère intérieur, sommet ou chute mélodique, déterminée par la syntaxe et le sens, soulignée par la distribution des rimes, éventuellement par celle des mètres, et qui permet de balancer le mouvement de la strophe de façon satisfaisante pour la voix, le souffle et l'esprit.

Telle est la formule de la strophe malherbienne :

> Tu nous rendras alors nos douces destinées;
> Nous ne reverrons plus ces fâcheuses années
> Qui pour les plus heureux n'ont produit que des pleurs.
> Toute sorte de biens comblera nos familles,
> La moisson de nos champs lassera les faucilles,
> Et les fruits passeront la promesse des fleurs.

Sens complet, unité de mouvement syntaxique, partage égal de la strophe en deux groupes tripartites, avec césure logique à la fin du troisième vers, marquée par le système des rimes (*a a b // c c b*) : l'équilibre de l'ensemble et son autonomie sont solidement assurés.

Il allait de soi que, dans une poétique de la stabilité et de la symétrie, ces principes devinssent des règles. D'où l'exigence traditionnelle du « sens complet » et la proscription de l'*enjambement strophique*. D'où la réglementation même de la place de la césure strophique : médiane et au point de suspension maximale des rimes dans la strophe simple paire (*a b // a b, a b // b a, a a b // c c b*); à la rime en suspens qui assure la liaison du début et de la fin dans la strophe simple impaire (*a b // a a b, a a b // a b, a a b // c c c b*); à la dominante sur laquelle s'emboîtent les deux systèmes dans la strophe prolongée (*a b a b // c c b*); à la jonction des deux systèmes dans la strophe composée, avec reprise, par césures secondaires, des principes précédents dans le cadre de chaque système (*a b / a b // c c d / e e d*). La plupart des strophes précédemment citées respectent ces règles. Unité d'ensemble de l'expression poétique comme le vers en est l'unité de détail, la strophe obéit aux mêmes lois d'autonomie et d'équilibre. De leur application il appartient au lecteur d'éprouver les vertus stylistiques, la césure strophique marquant ici une opposition :

> Avant vous, j'étais belle et toujours parfumée.
> J'abandonnais au vent mes cheveux tout entiers,
> Je suivais dans les cieux ma route accoutumée
> Sur l'axe harmonieux des divins balanciers. // CÉSURE
> Après vous, traversant l'espace où tout s'élance,
> J'irai seule et sereine en un chaste silence,
> Je fendrai l'air du front et de mes seins altiers.   VIGNY

là un parallélisme :

> Vous en avez tant mis au fond des catacombes,
> De ces enfants péris pour sauver quelque honneur.// CÉSURE
> Vous en avez tant mis dans le secret des tombes,
> De ces enfants sombrés aux portes du bonheur.   PÉGUY

ailleurs une rupture de ton :

> Qu'était-ce qui faisait soudain
> Un sanglot lourd dans le jardin
> Un sourd reproche dans la brise // CÉSURE
> Ah ne m'éveillez pas trop tôt
> Rien qu'un instant de bel canto
> Le désespoir démobilise   ARAGON

ou soulignant simplement le développement du discours par sa coïncidence avec l'articulation de la phrase :

> Comme le fruit se fond en jouissance,
> Comme en délice il change son absence
> Dans une bouche où sa forme se meurt, //CÉSURE
> Je hume ici ma future fumée,
> Et le ciel chante à l'âme consumée
> Le changement des rives en rumeur.   VALÉRY

Mais, de même que les libertés du discours, la recherche des effets ou l'adoption délibérée d'une poétique de la dissymétrie ou de la rupture ont pu déterminer, dans l'ordre du mètre, des décalages entre le dessin de la phrase et celui du vers (rejet et enjambement métriques), de même ont pu intervenir des changements d'équilibre de la strophe par débordement des ensembles de sens et de syntaxe au-delà des cadres marqués par la distribution des rimes et des mètres. Ainsi s'enchaînent souplement les strophes du deuxième *Chat* de Baudelaire :

> Dans ma cervelle se promène
> Ainsi qu'en son appartement,
> Un beau chat, fort, doux et charmant.
> Quand il miaule, on l'entend à peine,
>
> Tant son timbre est tendre et discret ;
> Mais que sa voix s'apaise ou gronde,
> Elle est toujours riche et profonde.
> C'est là son charme et son secret.

Dans la première, la césure logique (après *charmant*) se trouve décalée par rapport à la césure strophique, celle-ci située au point de suspension maximale du système des rimes *a b//b a*, (c'est-à-dire après *appartement*). Il y a en outre enjambement strophique dans le passage de la première à la seconde, la phrase *Quand...* ne trouvant sa résolution qu'à la fin du premier vers de celle-ci (*...discret*). La phrase centrale de cette seconde strophe enjambe à son tour la césure strophique (après *gronde*), formant une unité médiane qui superpose une structure ternaire $a// (b+b) //a$ à la structure binaire suggérée par le dessin des rimes *a b// b a*. Et c'est seulement à la fin de cette deuxième strophe que le jeu de discordances et de décalages ainsi développé se résout en concordance retrouvée, par la conclusion commune du système des rimes et du système des phrases auquel il sert de support. On a donc là, « mutatis mutandis », une série d'effets exactement semblables aux effets de discordance métrique dans le système du vers : enjambement interne de strophe comme il existe dans le vers des enjambements à la césure, enjambement de strophe à strophe comme il existe des enjambements de vers à vers. Les choses se passent seulement ici au niveau d'une structure d'ensemble alors que pour la discordance métrique elles se passent au niveau d'une structure de détail. Mais les principes sont identiques et les phénomènes comparables. C'est pourquoi les mêmes termes *(césure, enjambement)* peuvent être utilisés dans les deux cas. Et, comme la stylistique poétique prête attention aux effets de concordance ou de discordance entre le dessin de la phrase et celui du vers, de même elle peut considérer ceux que déterminent les relations entre le dessin de la phrase et le système de la strophe tel qu'il ressort du dessin des rimes, éventuellement de celui des mètres, et des rapports d'équilibre qu'y introduit le principe de la césure strophique — exploitations parallèles de la double fonction structurale que remplissent le vers et la strophe dans l'ordonnance de l'énoncé.

Groupement et enchaînement

Cette fonction, pour la strophe, a été si fortement sentie dans la tradition lyrique française qu'elle a pu déterminer une extension du principe d'organisation à la succession même des strophes. L'énoncé se trouve alors soutenu — comme, au fond, dans le cas des poèmes à forme fixe — par des structures à trois degrés : celle du vers, celle de la strophe, celle du groupement des strophes dans le poème.

La plus apparente de ces dernières structures est évidemment celle que détermine une variation ordonnée des types de strophes, simple alternance ou combinaisons plus subtiles. Point n'est besoin pour en juger d'aller chercher des pièces rares. Considérons sous ce point de vue le très célèbre *A Villequier* de Victor Hugo. Le poème est construit sur deux types strophiques en alternance régulière :

> Maintenant que Paris, ses pavés et ses marbres,
> Et sa brume et ses toits sont bien loin de mes yeux;
> Maintenant que je suis sous les branches des arbres,
> Et que je puis songer à la beauté des cieux;
>
> Maintenant que du deuil qui m'a fait l'âme obscure
>   Je sors, pâle et vainqueur,
> Et que je sens la paix de la grande nature
>   Qui m'entre dans le cœur;[...]

Mais cette alternance des formules strophiques (*A B A B...*) se superpose elle-même : 1) au dessin alterné des rimes croisées (*a b a b*) dans les deux types de strophes, 2) au dessin également alterné des mètres dans le type hétérométrique (12-6-12-6). La structure fondamentale du texte s'établit ainsi sur plusieurs systèmes d'alternances, dans l'ensemble comme dans le détail. Il appartient à l'analyse stylistique de juger, s'il y a lieu, des effets ainsi obtenus. Mais la description métrique se doit d'abord d'en démonter les mécanismes. Ils sont ici parfaitement visibles, et les mêmes qu'il s'agisse de la construction interne des strophes ou de leur succession.

Certains poèmes à large souffle obéissent même à des principes d'organisation plus complexes, ordonnant les types de strophes en systèmes plus vastes, comme on a vu les rimes dans la strophe dépasser les combinaisons élémentaires du croisement ou de l'embrassement. Les grands recueils de virtuosité métrique d'un Hugo (*Odes et ballades, Les Chants du crépuscule, Les Rayons et les ombres*) en offrent d'illustres exemples. On en rappelle l'existence pour signaler à l'analyse, ou simplement à la conscience poétique, que, par delà la seule reproduction d'une même formule ou le libre changement de formule strophiqué lié aux thèmes ou aux mouvements, il est aussi des systèmes ordonnés, fondés sur le groupement des strophes, et attestant, outre le rôle premier qu'elles jouent dans la mise en structure des séries de vers, celui qui est aussi le leur dans la composition d'ensemble du poème.

La conscience de ce rôle apparaît, en dehors même des systèmes d'ensemble, jusque dans le détail des lois de simple succession des strophes telles qu'elles ressortent de la tradition des traités et de l'usage des poètes. C'est en effet un principe couramment posé et, sauf cas d'espèce, ordinairement observé, que le genre conventionnel des rimes (rimes masculines, rimes féminines) change régulièrement du dernier vers d'une strophe au premier de la suivante. Les formules de base de ce mécanisme peuvent être figurées comme suit, le point d'application de la loi se trouvant indiqué par encadrement de l'initiale d'alternance :

Système croisé	Système embrassé
a (F)	a (F)
b (M)	b (M)
a (F)	b (M)
b [M]	a [F]
c [F]	c [M]
d (M)	d (F)
c (F)	d (F)
d [M]	c [M]
e [F]	e [F]
f (M)	f (M)
etc.	etc.

Le dernier texte cité de Victor Hugo (p. 105) fournit un exemple du premier système, le dernier cité de Baudelaire (p. 104) un exemple du second. Le développement de ces formules élémentaires en strophes plus complexes ne change rien à l'application du principe. De celui-ci on notera, à la lecture ou à l'analyse, soit le respect ordinaire, soit l'exceptionnelle inobservance — écart, alors, qui mérite attention. Les théoriciens du vers traditionnel en faisaient assez vaguement une affaire d'harmonie, tel Marmontel déclarant que « les poésies régulières n'admettent point, d'une stance à l'autre, la succession de deux vers masculins ou féminins » et condamnant cette succession comme « une dissonance qui déplaît à l'oreille ». Mais autant au moins qu'à un élémentaire besoin de variété il semble que cette loi réponde à un besoin supérieur d'ordonnance de l'énoncé dans l'enchaînement même des strophes. Celles-ci, liant les vers et liées entre elles par des rapports sensibles et précis, apparaissent bien alors, là où elles existent, comme un élément essentiel de la structure du poème.

Les modernes ont voulu s'affranchir de cette loi, comme des autres. Mais, si l'on regarde les pièces en strophes d'un Apollinaire ou d'un Aragon, on s'aperçoit :

1) Que la plupart d'entre elles respectent cependant — discipline ? habitude ? instinct ? — la traditionnelle règle de succession avec changement de « genre » des rimes ;

2) Que nombre de celles qui la négligent font apparaître des mécanismes d'enchaînement non moins sensibles, en remplaçant l'alternance des « genres » par celle des sonorités (rimes vocaliques / rimes consonantiques, *cf.* p. 77), comme dans cette suite d'Aragon :

Lorsque vous reviendrez car il faut revenir	*a* (C)
Il y aura des fleurs tant que vous en voudrez	*b* (V)
Il y aura des fleurs couleur de l'avenir	*a* (C)
Il y aura des fleurs lorsque vous reviendrez	*b* (**V**)
Vous prendrez votre place où les clartés sont douces	*c* (**C**)
Les enfants baiseront vos mains martyrisées	*d* (V)
Et tout à vos pieds las redeviendra de mousse	*c* (C)
Musique à votre cœur calme où vous reposer	*d* (**V**)
Haleine des jardins lorsque la nuit va naître	*e* (**C**)
Feuillage de l'été profondeur des prairies	*f* (V)
[...]	

Le dessin des changements de nature de la rime (vocalique *V* / consonantique *C*) lors du passage d'une strophe à l'autre est exactement le même que celui de ses changements de genre (*M/F*) dans le système traditionnel précédemment indiqué. Conscient ou non, l'instinct d'organisation du discours par enchaînement structuré des strophes, avec des moyens différents, joue de la même façon.

Si bien que les suites de strophes sans liaison ordonnée — il en existe aussi, mais finalement en assez petit nombre — peuvent apparaître comme des exceptions, comme des éléments de rupture du système, comme des libertés de structure dans le déroulement du poème. On les observera comme telles. Mais on appréciera surtout, de la succession inorganique à l'enchaînement ordonné, et de celui-ci aux constructions les plus complexes, les fonctions diverses de la strophe dans l'élaboration du discours.

CHAPITRE 4

Composants du rythme
LES ACCENTS

On a vu (chapitre 1) que le rythme du vers français était fondé sur les accents phonétiques et sur leur répartition, elle-même mesurée par le nombre des syllabes qui les séparent — ce qui permet de prendre des repères et de percevoir entre leurs distances les rapports sur lesquels s'établit la structure métrique de l'énoncé. Mais, pour simplifier la définition du rythme en n'en retenant d'abord que l'essentiel, on n'a raisonné que sur une seule catégorie d'accents : les accents toniques de groupe. Quelques nuances complémentaires d'une réalité phonétique d'ailleurs complexe doivent permettre d'éclairer une série de notions nécessaires à la description technique du vers.

Les accents du français

Sans entrer dans le détail d'analyses expérimentales sur l'interprétation desquelles les phonéticiens demeurent parfois encore partagés — notamment quant au rôle, dans la détermination de l'accent, des diverses qualités du son : durée, hauteur, intensité —, on peut distinguer, au point de vue des fonctions linguistiques exercées, trois sortes d'accents en français : l'accent *tonique*, l'accent *grammatical*, l'accent *oratoire*.

1. *L'accent tonique* se place, comme on l'a vu (p. 12) sur la dernière syllabe non caduque de mot ou de groupe. Détail complémentaire : à cet accent tonique principal tend à s'ajouter, dans les groupes de quelque étendue (à partir de 4 syllabes) un accent secondaire dit *contre-tonique*, servant en quelque sorte de relais, d'appui supplémentaire pour couper les suites syllabiques trop longues à égrener d'un seul mouvement. La place de cet accent est déterminée par une réaction rythmique spontanée qui le fait tomber deux syllabes avant l'accent tonique, pour produire dans l'ordonnance du groupe une alternance finale de temps faibles et de temps forts. Ex. : dans *interminable :* accent tonique normal sur la dernière syllabe non caduque (indiquons-le par l'initiale *T*), accent contre-tonique sur la syllabe antépénultième (initiale *t*) :

> interminable
> *t*   *T*

L'accent contre-tonique porte parfois le nom de *Nebenton* ('l'accent d'à côté') répandu par les philologues germaniques qui en ont étudié le mécanisme. Le terme couvrant des réalités complexes, on lui préférera pour le français celui de *contre-tonique*, mieux adapté.

2. *L'accent grammatical* est celui qui marque les articulations de la syntaxe. Il se place à la fin des groupements naturels de la grammaire, dont il donne ainsi les limites. Lié à l'intonation dans la réalisation orale de la parole, éventuellement à la ponctuation dans l'écriture, et toujours à la construction de la phrase, il indique, au-dessus des syntagmes de base marqués par l'accentuation tonique, les unités de phrase dont les unités de structure métrique, vers ou hémistiche, assurent l'encadrement dans l'énoncé poétique. Cette phrase-vers de Boileau :

> Le moment où je parle est déjà loin de moi.

comporte quatre accents toniques (on les représente par l'initiale T) :

Le moment où je parle est déjà loin de moi.
T T T T

Ces accents prennent valeur rythmique par leur répartition (3/3/3/3) et métrique par leur ordonnance en structures perceptibles :

```
3     3      3     3
 ‾‾‾‾‾‾       ‾‾‾‾‾‾
    6            6
      ‾‾‾‾‾‾‾‾‾‾‾‾
         12
```

Ce qu'on peut représenter ainsi (en marquant par les initiales r et R l'entrée en fonction rythmique des accents toniques aux deux niveaux de la structure, niveau des mesures et niveau des hémistiches) :

Le moment / où je parle// est déjà / loin de moi.
r^1 R^1 r^2 R^2

Les deux groupes syntaxiques (groupe du sujet et groupe du verbe) déterminent en outre l'existence de deux accents grammaticaux (initiale G) :

Le moment où je parle est déjà loin de moi.
G^1 G^2

Ceux-ci coïncident avec les accents d'hémistiche R. Il y a concordance entre les articulations métriques et les articulations grammaticales de la phrase.

La même analyse donnerait des résultats différents pour cette phrase-vers de Verlaine :

C'est plutôt /le sabbat //du second Faust /que l'autre.
T T T T
r^1 R^1 r^2 R^2
G^1 G^2

On voit en quoi d'après le schéma indiqué. Le dessin métrique fondé sur l'accentuation tonique à fonction rythmique est semblable : deux hémistiches 6//6 groupant deux séries de mesures proportionnelles (3/3 et 4/2). Mais les groupements de la syntaxe ont déporté le premier accent grammatical à la fin de la troisième mesure. G^1 coïncide non plus avec R^1 (principale articulation métrique interne, puisque accent d'hémistiche), mais seulement avec r^2 (articulation rythmique secondaire, puisque accent seulement de mesure à l'intérieur de l'hémistiche). Il y a discordance entre la distribution métrique et la distribution grammaticale des accents.

L'existence de ces faits de concordance ou de discordance entre les articulations métriques et les articulations grammaticales du discours sera, on va le voir (pp. 114 *sq.*) d'une grande importance.

3. *L'accent oratoire* est un accent de présentation intellectuelle (insistance par besoin de clarté) ou affective (appui par réaction sentimentale) appliqué à certains éléments du discours. Il frappe le début du mot intéressé, en général la première voyelle pour la présentation intellectuelle (marquons-le par l'initiale *O*) :

Il est évident que...
O

la première consonne pour la présentation affective :

C'est évident, voyons !
O

Au demeurant, quel que soit son point d'application précis (voyelle ou consonne) et quelle que soit sa nature phonétique (intensité ou hauteur), toute la syllabe dont il affecte un élément s'en trouve valorisée, et c'est cela seul qui importe au sentiment du rythme.

Cet accent est évidemment lié à l'interprétation personnelle et ne peut donc entrer comme constante dans la mise en structure rythmique de l'énoncé. Il n'y joue pas moins son rôle à l'occasion, ce pourquoi il faut en tenir compte.

Les différentes sortes d'accents coexistent, s'ajoutent ou se superposent dans le discours, les accents toniques et grammaticaux intervenant de façon constante et nécessaire, les accents contretoniques lorsque la longueur des groupes syllabiques les demande, les accents oratoires lorsque le ton du texte les appelle et que l'interprétation les introduit. Une phrase comme *Cet accident est épouvantable* comportera ainsi :

— deux accents toniques (T) pouvant prendre valeur rythmique (R), sur la dernière syllabe pleine du nom et de l'adjectif;

— deux accents grammaticaux (G), aux articulations de la phrase, c'est-à-dire à la fin des deux groupes logiques, sujet et prédicat;

— un accent contre-tonique (t) sur la syllabe antépénultième du deuxième groupe (syllabe *-pou-*) pour en rompre la longue suite pentasyllabique;

— un accent oratoire d'affectivité (O), en diction expressive, sur la première consonne du mot *épouvantable*, avec mise en relief de toute la syllabe qu'elle introduit :

$$O$$
Cet accident / est épouvantable.
$$T \qquad\qquad t \qquad T$$
$$R^1 \qquad\qquad\qquad R^2$$
$$G^1 \qquad\qquad\qquad G^2$$

Une formule rythmique, voire métrique, apparaît, par rapport de progression élémentaire, et donc facilement perceptible (4/5), du premier groupe au second. Elle se trouve soulignée par le fait que, dans cette phrase simple, les articulations rythmiques se confondent avec les articulations grammaticales. Elle est nuancée en outre par la convergence sur une même syllabe des accents contre-tonique et oratoire. Mais elle existe sans eux. Cette description montre la fonction des divers accents dans une structure rythmique : celle-ci s'établit sur les accents toniques de groupe quand ils prennent valeur rythmique par l'ordonnance de leur distribution; les accents grammaticaux assurent sa solidité quand ils se confondent avec les accents rythmiques; les accents contre-tonique et oratoire peuvent y apporter des nuances de détail, mais en règle ordinaire, du fait de leur caractère subsidiaire, ils ne la déterminent ni ne la modifient dans sa constitution fondamentale.

Il importe donc, pour la perception et l'analyse métriques :

— en premier lieu et dans tous les cas, de noter la place des accents toniques ordonnant l'énoncé et de voir les rapports créés entre les groupes syllabiques qu'ils délimitent — ce qui permet de déterminer le rythme de base ;

— en second lieu et éventuellement, d'observer les relations de ces accents toniques à valeur rythmique avec les autres accents (coïncidences, décalages, adjonctions intermédiaires) — ce qui permet de nuancer le rythme et d'en détailler les effets.

Relations entre les accents

Deux de ces relations sont notamment à considérer : 1) celles, on l'a vu, de l'accent tonique rythmique avec l'accent grammatical ; 2) celles de l'accent tonique rythmique avec l'accent contre-tonique et avec l'accent oratoire.

Accent rythmique et accent grammatical

Leurs relations posent et permettent de résoudre le problème de la concordance et de la discordance entre la phrase et le vers. Quelques exemples, artificiellement simplifiés pour dégager les phénomènes, peuvent en donner une idée claire.

Soit un énoncé à structure métrique apparente (exemple 1) :

Cette rue était triste.
r R^1
G^1

On n'y voyait personne.
r R^2
G^2

La distribution des accents toniques délimitant les groupes rythmiques (r = accents secondaires, R = accents principaux) peut en faire deux vers de 6 syllabes. Les groupements grammaticaux, éventuellement marqués par l'intonation, répartissent leurs accents (G) de la même façon. Il y a *concordance* entre le dessin métrique et le dessin grammatical de la phrase.

Reprenons cet énoncé dans le même cadre, en le modifiant comme suit (exemple 2) :

<pre>
Cette ruelle était
        r   R¹
                G'
Triste comme la mort.
   r   R²
                    G
</pre>

La phrase déborde le cadre métrique. Mais son développement étendu jusqu'à la borne métrique suivante (R^2) et les nécessités d'équilibre qui en résultent maintiennent un accent grammatical d'attente (G') sur la fin du premier vers. Le mouvement du second vers n'est pas brisé. Il y a entre le dessin métrique et le dessin grammatical de la phrase une *concordance différée*.

Autre modification enfin (exemple 3) :

<pre>
Cette ruelle était
        r   R¹
Triste. Pas une voix.
   r   R²
   G¹   G²
</pre>

Le développement de la phrase déborde le premier vers, mais sans atteindre la borne métrique suivante. Il brise le mouvement du second vers. Le premier accent grammatical (G^1) ne coïncide plus qu'avec un accent secondaire. Il se trouve en décalage par rapport au premier accent métrique principal (R^1). Il y a *discordance* entre le dessin métrique et le dessin grammatical de la phrase. Si alors on veut maintenir le mètre (comme invitent à le faire la présentation visuelle de l'énoncé, l'instinct rythmique et éventuellement le contexte, quand les vers s'inscrivent dans une suite à structure métrique assurée), on est forcé de marquer artificiellement l'accent final de vers, en contradiction avec le mouvement de la phrase, qui ne le soutient plus. D'autres accidents phonétiques peuvent s'ensuivre, affectant et la fin du vers laissée en suspens, et le terme décalé de la phrase (*triste*) en durée, hauteur ou intensité. Ces écarts ont pour effet de mettre ce terme en relief. L'analyse métrique note ce relief et en indique les causes. A l'analyse stylistique de l'interpréter, s'il y a lieu.

Les observations faites sur des vers successifs sont valables sans changement dans le cadre du vers lui-même. On peut s'en rendre compte en transformant en vers uniques les couples choisis comme exemples. Ce qui était vers devient alors hémistiche, ce qui était couple d'hexasyllabes devient alexandrin. Et les faits observés de vers à vers sont les mêmes quand on les considère d'hémistiche à hémistiche, concordance dans le premier exemple :

> Cette rue était triste.//On n'y voyait personne.
> r R^1 r R^2
> G^1 G^2

concordance différée dans le second :

> Cette ruelle était //triste comme la mort.
> r R^1 r R^2
> G' G

discordance dans le troisième, avec mise en relief du même mot par le décalage d'accents dont il est l'objet :

> Cette ruelle était //TRISTE. Pas une voix.
> r R^1 r R^2
> G^1 G^2

Les phénomènes de concordance ou de discordance entre la phrase et le mètre sont donc de même sorte, qu'ils se produisent d'un vers à l'autre ou à l'intérieur du même vers, et les mêmes dénominations techniques, s'il y a lieu de caractériser certains d'entre eux (rejet, enjambement, etc.) valent également dans les deux cas. Il peut y avoir de l'un à l'autre des différences de degré, qui tiennent très naturellement à la hiérarchie des accents, aux

nuances d'éclairage des mots selon qu'ils sont en fin d'hémistiche
ou en fin de vers, au poids particulier des effets à la rime, quand
elle existe. Mais il n'y a pas de différence de nature. Les phénomènes peuvent d'ailleurs apparaître en exact parallélisme dans
les deux positions :

> Tu t'es fait de valet BRIGAND et de bandit
> COURTISAN. Moi, j'observe en riant tes manœuvres.   HUGO

On peut ici subtiliser sur les nuances de la progression. Les
faits de discordance, dans l'ordre métrique, n'en sont pas moins
du même type.

Les observations précédentes permettent de préciser un certain nombre de notions.

Le principe de concordance

La structure du vers se trouve évidemment étayée par une exacte
coïncidence des articulations grammaticales avec les articulations
métriques, accent d'hémistiche et accent final de vers. D'où
les préceptes de Boileau, répétés par tous les traités d'inspiration
classique :
— pour la concordance à l'intérieur du vers :

> Que toujours dans vos vers le sens, coupant les mots,
> Suspende l'hémistiche, en marque le repos.

— pour la concordance de vers à vers :

> Et le vers sur le vers n'osa plus enjamber.

Ces préceptes cependant ne sauraient être pris « stricto sensu »,
car ce serait imposer de façon rigide et monotone une forte articulation grammaticale en fin de vers et en fin d'hémistiche, en
interdisant dans le développement du discours toute souplesse
et toute continuité. Aussi bien les formules d'absolue concordance, du type :

> Si Titus est jaloux, Titus est amoureux.   RACINE

ne dessinent-elles pas le patron nécessaire et constant du vers
classique. Elles sont nuancées par les formules de *concordance*

différée, selon lesquelles, en laissant en place les accents majeurs d'hémistiche et de fin de vers, le développement grammatical peut dépasser la borne métrique fixée, *à condition qu'il se poursuive jusqu'à la suivante.* C'est la règle indiquée pour la concordance à l'intérieur du vers par la *Poétique* de Port-Royal : « Le sens continuant après la césure, il faut qu'il aille au moins jusqu'à la fin du vers, et non être rompu avant la fin ». C'est celle que formule pour la concordance de vers à vers le très classique *Traité de versification* de Quicherat, qui autorise les enchaînements grammaticaux au-delà de la rime « quand on a soin d'ajouter aux mots rejetés un développement qui complète le vers ». Ainsi dans ce vers de Racine :

> Goûte-t-il des plaisirs // tranquilles et parfaits ?

le redoublement de l'adjectif assure la concordance interne en réalisant l'unité du second hémistiche. Et, dans la succession des suivants :

> Il voit plus que jamais// ses campagnes couvertes
> De Romains que la guerre// enrichit de nos pertes.

l'adjonction de la proposition relative assure la concordance de vers à vers. Alors que ces vers fourniraient des exemples de discordance s'ils étaient construits comme suit :

> * Goûte-t-il un plaisir//tranquille ? est-il heureux ?

> * Il voit plus que jamais ses campagnes couvertes
> De Romains. Leur cité// s'enrichit de nos pertes.

Ainsi n'y-a-t-il discordance réelle que lorsque le prolongement de l'ensemble grammatical brise l'unité d'un ensemble métrique (le deuxième hémistiche dans l'avant-dernier exemple, le premier hémistiche du second vers dans le dernier). Mais, dans les deux citations réelles de Racine, les développements accessoires de la phrase maintiennent, par concordance différée, son encadrement dans l'hémistiche et le vers. Le principe de concordance, s'il a ses rigueurs, a aussi quelques souplesses : il ne faut point qualifier automatiquement de rejet ou d'enjambement tous les cas de dépassement des bornes métriques par la phrase.

Les phénomènes de discordance

L'observation des faits de discordance amène à distinguer plusieurs phénomènes. Les termes qui les désignent sont l'objet de quelque flottement, les divers auteurs ne leur donnant pas les mêmes sens. On sera d'avis d'utiliser de façon logique la terminologie existante, en adaptant l'emploi des mots à la nature des choses.

REJET

L'exemple précédemment fabriqué (p. 115) pour éclairer le mécanisme général de la discordance *(Cette ruelle était // TRISTE.)* fournit un cas de *rejet*. On en a vu les manifestations : décalage, par léger retard, de l'articulation grammaticale par rapport à l'articulation métrique; renforcement de l'accent rythmique marquant celle-ci, afin d'assurer son maintien; écarts phoniques divers mettant en relief le terme « rejeté ». Le rejet se définit donc comme un procédé rythmique selon lequel *un élément verbal bref, placé au début d'un vers ou d'un hémistiche, se trouve étroitement lié par la construction au vers ou à l'hémistiche précédent, et prend de par sa position une valeur particulière.* Exemple de rejet de vers à vers (rejet *externe*):

> Et la machine ailée en l'azur solitaire
> FUYAIT, et pour la voir vint de dessous la terre[...]   HUGO

Exemple de rejet d'hémistiche à hémistiche (rejet *interne*) :

> Les vents et les oiseaux// S'UNISSENT — le ciel change
>   ÉLUARD

Exemple de rejets *redoublés*, dans les deux positions successives :

> Des chants voilés de cors lointains où la tendresse
> DES SENS étreint l'effroi//DE L'AME en des accords [...]
>   VERLAINE

Les effets de rejet ne sont pas l'apanage de l'alexandrin. Ils existent aussi dans les autres formes métriques :

> Ta paille azur de lavandes,
> Ne crois pas avec ce cil
> OSÉ que tu me la vendes   MALLARMÉ

Le vers classique ne les ignore pas, malgré le principe de concordance. La théorie essaie de sauvegarder celui-ci par le moyen
de la concordance différée et des développements complémentaires
— voire des développements supposés quand elle admet le rejet
à réticence :

> Mais tout n'est pas détruit et vous en laissez vivre
> UN... Votre fils, Seigneur, me défend de poursuivre.   RACINE,

Mais, suite supposée ou non, l'effet rythmique de rejet n'en est
pas moins réel. Et un Racine l'utilise au besoin sans le voiler
d'aucune manière :

> L'aimable Bérénice entendrait de ma bouche
> QU'ON L'ABANDONNE! Ah, Reine!//Et qui l'aurait pensé,

La forme du vers permet même de délicats effets de scène par
hésitation d'un instant à l'articulation métrique, comme lorsque
apparaît le trouble d'Atalide demandant à Roxane le sort réservé
à Bajazet :

> Mais ...
>   — Quoi donc? Qu'avez-vous //RÉSOLU?
>   — D'obéir.

Le rejet interne devient ici affaire d'interprétation.

On peut juger par ce dernier exemple du caractère complexe,
et parfois incertain, du phénomène. Le rejet n'est pas seulement
lié à la syntaxe; il l'est aussi au sens et au style. Il est des rejets
que le simple décalage des unités métriques et des unités grammaticales permet d'identifier facilement. Il en est que le prolongement d'un mouvement stylistique au-delà de la borne métrique
désigne à l'attention d'une manière également nette, comme
font ici l'énumération :

> C'est ici que l'amour, la grâce, la beauté,
> LA JEUNESSE ont fixé leurs demeures fidèles.   CHÉNIER

là une condensation brutale de l'expression voilée en expression directe :

> Mais si dans le combat le destin plus puissant

Marque de quelque affront son empire naissant,
S'IL FUIT, ne doutez point que fiers de sa disgrâce, [...]

RACINE

Mais il en est d'autres aussi, à l'intérieur du vers notamment
— car ici les repères externes n'existent plus —, qui tiennent
à la seule réalisation de la parole, c'est-à-dire aux détails de
l'interprétation. Tantôt celle-ci unira deux adjectifs hugoliens
en un ensemble logique :

Toute la force OBSCURE ET VAGUE de la terre.

et leur groupement au centre du vers déterminera un changement
de rythme (passage de la structure binaire à la structure ternaire,
l'accent sixième devenant secondaire par rapport à l'accent
huitième majeur dans le membre central : 4//2/2//4); tantôt
elle détachera le second en rejet pour ajouter une nuance supplémentaire de mystère et d'étrangeté :

Toute la force obscure// ET VAGUE de la terre.

Tantôt le lecteur d'Aragon composera le milieu de ce vers en
une métaphore globale :

Dans le manteau de PLUIE ET D'OMBRE des batailles

et ce sera encore un passage au rythme ternaire; tantôt il distinguera par la scansion les deux alliances, l'une encadrée seulement
dans un hémistiche ordinaire comme plus commune et presque
clichée, l'autre soulignée par le rejet :

Dans le manteau de pluie// ET D'OMBRE des batailles

Ainsi le rejet relève-t-il de causes — et par conséquent d'appré-
ciations — diverses. Dépendant, quant à sa nature linguistique,
des groupements et disjonctions de la grammaire, il est lié au
caractère serré ou lâche des ensembles dont il a pour fonction de
briser l'unité. Mais en outre, fondé qu'il est sur un principe de
forte tension entre la phrase et le mètre, il est aussi procédé de
style parce que *nécessairement créateur d'effet*. A ce titre il
dépasse le niveau des simples constructions de syntagmes pour
s'associer aux variations d'éclairage des mots par les nuances

de leur présentation. C'est donc selon des critères stylistiques tout autant que grammaticaux qu'il convient de juger de sa force, de ses valeurs, et d'abord de sa présence.

Contre-rejet

Le *contre-rejet* est un phénomène exactement symétrique de celui que représente le rejet — symétrique par rapport à l'articulation de vers qui constitue le point de discordance. La seule différence entre les deux est en effet une différence de position, le contre-rejet étant un procédé d'*anticipation* de la phrase sur le mètre, alors que le rejet est un procédé de retard. Pour le reste, les manifestations des deux phénomènes sont semblables : décalage de l'articulation grammaticale par rapport à l'articulation métrique; renforcement artificiel de l'accent rythmique marquant cette dernière afin d'assurer son maintien; écarts phoniques divers en intensité, hauteur ou durée, mettant en relief le terme présenté par anticipation. Les points d'application du contre-rejet sont également les mêmes que ceux du rejet :
— d'hémistiche à hémistiche (contre-rejet *interne*) :

> Je meurs plus tard: VOILA // tout le fruit de ma feinte.   RACINE

— de vers à vers (contre-rejet *externe*) :

> Souvenir, souvenir, que me veux-tu? L'AUTOMNE
> Faisait voler la grive à travers l'air atone,   VERLAINE

comme l'atteste la possibilité du contre-rejet *redoublé :*

> Sur la terre BÉNIE // au fond des cieux, MAUDITE
> Au fond des temples noirs par le fakir sanglant.   HUGO

Un effet s'y attache régulièrement, dans le premier cas mouvement de passion, dans le second projection d'un mot à valeur d'atmosphère, dans le troisième antithèse appuyée. Tantôt le contre-rejet n'est que figuratif :

> Ils marchent droit, TENDANT // la pointe de leurs guêtres;
> HUGO

tantôt il est porteur de sensations plus subtiles, ici superposant les dimensions de l'espace en un rapide coup d'œil d'artiste :

> Plus loin, des ifs taillés en triangle. LA LUNE
> D'un soir d'été sur tout cela. VERLAINE

là opposant les dimensions du temps pour faire valoir la durée par la succession :

> La pâle nuit revient, ils combattent; L'AURORE
> Reparaît dans les cieux, ils combattent encore. HUGO

Le contre-rejet peut intervenir pour marquer une reprise oratoire :

> L'aigle montagnard, L'AIGLE //orageux de l'espace, HUGO

ou simplement, associé à une rime hardie, souligner un jeu de virtuosité métrique :

> A toutes jambes, Facteur, CHEZ L'
> Éditeur de la Décadence,
> Léon Vanier, Quai Saint-Michel, [...] MALLARMÉ

Mais toujours, par tension ou écart, il fait impression. De sorte que sa définition est en somme, « mutatis mutandis », la même que celle du rejet : *un procédé rythmique selon lequel un élément verbal bref, placé à la fin d'un vers ou d'un hémistiche, se trouve étroitement lié par la construction au vers ou à l'hémistiche suivant, et prend de par sa position une valeur particulière.*

Cette valeur particulière du terme placé en contre-rejet doit être entendue dans un sens large. Ce peut être une mise en relief de ce terme lui-même. Mais ce peut être aussi, par l'effet du simple écart accentuel, une mise en relief indirecte de l'unité métrique qui le suit, éclairant chez un Baudelaire l'audace d'une image :

> Les jambes en l'air COMME //une femme lubrique,

chez un Hugo le parallélisme des termes d'une série :

> Je veux rester stupide et furieux DEVANT
> Les coups du sort, les coups de mer, les coups de vent.

et dégageant ainsi les effets rhétoriques et rythmiques du vers ou de l'hémistiche que le contre-rejet dans ce cas a pour fonction de présenter. On notera donc, à côté du contre-rejet ordinaire opérant par soulignement direct du terme sur lequel il porte, l'existence d'un *contre-rejet de présentation* mettant en lumière l'hémistiche ou le vers suivant. C'est le rôle qu'assument notamment, en position de contre-rejet, les mots grammaticaux (préposition, conjonction, copule, auxiliaire, ...) que leur nature a tendance à vider de toute substance lyrique et qui prennent fonction dans le système poétique par l'accident verbal que leur suraccentuation sert à provoquer.

Mais il est facile de voir ici encore combien le contre-rejet, comme le rejet, est lié à l'interprétation même, c'est-à-dire, une fois de plus, aux détails du style et du sens. La construction de la phrase, la ponctuation, le degré de cohésion des syntagmes donnent assurément les moyens premiers de le déterminer, comme aussi d'évaluer la portée des écarts qu'il introduit dans le déroulement du discours. Mais ils ne permettent pas toujours de l'identifier de façon certaine. Que l'on compare en effet la dernière citation à la suivante, également de Hugo, qui fournit une discordance du même type grammatical :

> Je cognai sur ma vitre ; il s'arrêta devant
> Ma porte, que j'ouvris d'une façon civile.

Dans le premier cas (... *DEVANT — Les coups du sort*,...) le contre-rejet est motivé par d'évidentes considérations de style (jeux rhétoriques, jeux lexicaux, système rythmique) demandant le détachement du deuxième vers, et par conséquent la suraccentuation de la préposition qui l'introduit. Dans le second cas (... *devant — Ma porte*...) le caractère de familiarité que prend la phrase versifiée, la libre allure de « sermo pedestris » que lui donne le contexte même, la molle accentuation rythmique qu'appelle le ton dans le cadre du mètre interdisent tout soulignement de la fin de vers enjambée. L'accent douzième demeure, puisqu'il est à la rime, mais affaibli (alors que dans l'autre cas il était renforcé) car le mot intéressé n'appelle l'attention ni sur lui, ni sur ce qui suit. On a encore un phénomène de discordance, mais d'une autre sorte (*cf.* p. 126). Ainsi la même construction grammaticale peut-elle, par le jeu du ton et du style, déterminer des effets différents. Pas plus que le rejet, le contre-rejet ne se définit par la seule forme : il dépend aussi du sens.

On peut en juger par les incertitudes de scansion dont maints vers, et des plus célèbres, sont l'objet. Qu'on scande selon les groupements de la grammaire le vers de l'*Art poétique* de Verlaine :

> Plus vague/ et plus solu/ble dans l'air,

il pourra conserver une structure rythmique, de formule ternaire (2/4/3), par succession sensible d'une proportion et d'une progression (*cf.* p. 21). D'aucuns y trouveront même quelque subtil déséquilibre, accordé à la fugacité des impressions dont ce vers est porteur. Mais l'habitude du partage de l'ennéasyllabe en hémistiches 4//5, les pressions du contexte, les contraintes de l'art appellent d'autre part la scansion avec contre-rejet :

> Plus vague ET PLUS // soluble dans l'air,

L'unité de construction du second hémistiche, la recherche de vocabulaire dont il témoigne, l'instant d'hésitation qui peut la souligner apparaissent ici comme autant d'arguments pour justifier l'écart accentuel que constitue la discordance. Et alors l'emporte la seconde diction : la structure du mètre est maintenue ; l'accent quatrième prend valeur d'attente ; le contre-rejet devient à la fois marque stylistique par la répétition qu'il appuie, procédé de présentation par la mise en lumière de la recherche du second hémistiche, et figuration, par réticence provisoire, d'un fugitif mouvement de l'esprit.

Comme le rejet donc, le contre-rejet, dans les cas incertains, est affaire d'option. C'est à la conscience poétique qu'il appartient ici de retrouver le rythme du vers en fonction de la nature du texte.

ENJAMBEMENT

La définition du phénomène appelé *enjambement* diffère selon les traités ou commentaires. Tantôt le terme couvre l'ensemble des faits de discordance, tantôt il s'applique seulement aux discordances de vers à vers. Tantôt la notion qu'il désigne se confond avec celles de rejet ou de contre-rejet, tantôt elle s'en distingue.

Il en résulte quelques incertitudes, et parfois entre les auteurs quelques contradictions, toujours gênantes pour le lecteur. Un examen attentif des réalités est ici nécessaire pour faciliter la définition des catégories, la répartition des faits entre elles et l'appréciation des cas limites situés à leurs confins.

On a vu que rejet et contre-rejet étaient des phénomènes de même nature, identiquement caractérisés : dans l'ordre phonétique, par un renforcement de l'accent métrique intéressé (accent final de vers ou accent d'hémistiche); dans l'ordre stylistique, par une mise en relief. Or ces caractères ne sont pas ceux de toutes les discordances. On en a pris quelque idée par l'examen de deux exemples aux constructions grammaticalement comparables (p. 124). Quantité d'autres peuvent confirmer cette observation.

Dans ces vers de Baudelaire :

> Mais les vrais voyageurs sont ceux-là seuls qui partent
> POUR PARTIR; cœurs légers, semblables aux ballons,

le rejet est évident. Le procédé de style fondé sur la reprise du verbe le postule; la suraccentuation suspensive de la fin du premier vers, la chute mélodique sur le début du second le réalisent de façon sensible. Dans ceux-là :

> Tout l'hiver va rentrer dans mon être: COLÈRE,
> Haine, frisson, horreur, labeur dur et forcé,

c'est le contre-rejet qui s'impose, faisant anticiper l'unité stylistique de l'énumération sur l'unité métrique du vers et mettant en valeur, par la violence même du premier terme, celle de tous ceux qui le suivent dans un même mouvement d'ensemble. Dans l'un et l'autre cas, l'effet de relief est appelé par le sens.

Il n'en va pas de même pour le suivant :

> Et quand il s'en allait sans rien voir, à travers
> Les champs, sans distinguer les étés des hivers,

Il y a discordance dans la mesure où l'accent de fin de vers est maintenu par le cadre métrique et la présentation visuelle malgré la cohésion du syntagme global (*à travers les champs*). Mais aucun détachement, aucun relief ne se justifie. L'accent rythmique douzième est non point renforcé comme dans les cas précédents, mais au contraire affaibli, estompant les limites du vers. On ne peut parler ni de rejet du second élément du groupe, ni de contre-rejet du premier. C'est le groupe dans son ensemble qui, au sens propre, « enjambe » la fin du vers. On a ici un phénomène d'un autre type que les précédents. C'est à celui-là que peut s'appliquer effectivement le terme d'enjambement. La réalité qu'il désigne peut être définie comme *un simple débordement des groupements de la phrase par rapport à ceux du mètre, sans mise en vedette d'aucun élément particulier.*

L'enjambement est donc à opposer au rejet comme au contre-rejet et sur le plan du style et sur celui de la réalisation phonétique. Sur le plan du style, la discordance par rejet ou contre-rejet met en valeur un élément du discours; pas la discordance par enjambement. Sur le plan phonétique, l'éclairage spécial de l'élément mis en relief par rejet ou contre-rejet se marque par renforcement — voire par création délibérée — de l'accent rythmique indiquant l'articulation métrique; tandis que l'enjambement affaiblit cet accent et voile cette articulation. De sorte que le rejet et le contre-rejet assurent le mètre en en soulignant les contours; l'enjambement l'ébranle en les effaçant partiellement.

L'enjambement peut se produire de vers à vers (dernier exemple de Baudelaire, ou exemple de Hugo précédemment examiné : ... *devant — Ma porte, que j'ouvris*...) : on parlera alors d'enjambement *externe*. Il peut se produire d'hémistiche à hémistiche (enjambement *interne*) :

> Personne ne lit plus // le sort dans les tarots
> (——)[1]   ARAGON

Dans tous les cas il atténue les inégalités qui d'ordinaire marquent l'importance différente de l'accent à valeur métrique (accent final de vers ou d'hémistiche) et des accents rythmiques voisins. S'ensuit comme un nivellement du rythme, qui peut produire,

---

1. Le signe (——) indique l'articulation métrique enjambée.

selon le ton et le contexte, des effets curieusement, mais logiquement, opposés : désorganisation et prosaïsme par dérangement de l'ordonnance fondée sur la hiérarchie accentuelle, ou, à l'inverse, ordre supérieur et tension poétique de l'énoncé par égalisation des accents. C'est pourquoi l'enjambement est égarement dans l'exemple de Baudelaire, liberté de récit familier dans l'exemple de Hugo, grisaille de prose dans l'exemple d'Aragon, aisance désinvolte chez Verlaine :

> C'est plutôt le sabbat // du second Faust que l'autre.
> (——)

mais aussi psalmodie lyrique de la méditation sentimentale :

> Pourtant tu t'en iras // un jour de moi, jeunesse.
> (——) ANNA DE NOAILLES

lenteur de la confidence murmurée :

> Hélas! j'aurai passé // près d'elle inaperçu,
> (——) ARVERS

ou pesée sur la phrase d'une série de mots de valeur :

> A la toute-puissante // altitude adorée.
> (——) VALÉRY

Mais, quel que soit le sens qu'il prend ou que lui donne la sagacité du lecteur — ou sa complaisance —, l'enjambement est toujours, et demeure historiquement, une facilité que s'octroie le poète en vue de l'encadrement le plus souple possible de la phrase dans le vers.

Et c'est bien là que le bât blesse. En fait, sous l'apparence du maximum de naturel, l'enjambement introduit dans le vers le maximum d'artifice, par le placage sur les structures métriques de structures linguistiques qui ne s'y adaptent que malaisément. C'est pourquoi il est par nature un phénomène ambigu et instable. Sa détermination est en principe aisée : il y a enjambement chaque fois que les groupements de la grammaire débordent les groupements du mètre sans effets de relief spéciaux, mais aussi sans annulation de ce mètre lui-même, puisque les accents qui en marquent les unités de structure (vers ou hémistiche) se trouvent maintenus.

Mais l'amollissement même de ces accents ne laisse pas de créer quelque flottement dans la conscience rythmique. On le voit assez à la difficulté qu'éprouvent les interprètes du drame romantique — où l'enjambement triomphe — à sauver en diction vivante l'unité de l'hémistiche et du vers. Si bien que dans nombre de cas la tentation est grande soit de rendre leur force aux accents métriques enjambés — ce qui amène des rejets ou contre-rejets plus ou moins légitimes —, soit d'adapter l'accentuation rythmique aux groupements de la syntaxe — ce qui rétablit la concordance, mais change l'ordonnance des structures métriques ou les détruit.

Aussi bien les cas limites sont-ils fréquents entre enjambement et rejet ou contre-rejet, entre enjambement et changement de rythme. L'équivoque apparaît notamment en situation d'enjambement interne, où manquent ces fortes marques que sont en fin de vers la séparation visuelle, éventuellement la rime, et où par conséquent devient plus sensible le moindre changement dans la hiérarchie des accents.

Cas limite entre le rejet et l'enjambement : le précédent vers de Verlaine. Que, conformément à une tentation coutumière de stabilité métrique, s'y renforce un peu l'accent d'hémistiche enjambé, et l'enjambement devient rejet :

C'est plutôt le sabbat // DU SECOND FAUST que l'autre.

Mais cette mise en relief est-elle justifiée par le sens ? N'est-elle pas contrariée par le volume même (4 syllabes) du membre rejeté ? La scansion flotte ici entre deux formes de discordance, et il suffit d'un rien pour passer de l'une à l'autre. Reste à trouver la nuance juste. L'analyse métrique pose le problème : c'est l'interprétation qui le résout.

Cas limite entre l'enjambement et le changement de rythme : le vers cité d'Aragon. Que l'emportent les groupements de la grammaire et la tentation de la concordance, toujours forte quand aucun écart significatif n'est à souligner, alors l'accent d'hémistiche s'atténue jusqu'à perdre sa valeur métrique ; il n'est plus qu'accent secondaire à l'intérieur d'un groupe global reformé ; et la structure rythmique se rétablit sur les accents voisins que soutiennent les articulations de la syntaxe. Le système binaire à enjambement :

2 / 4 // 2 / 4
(———)

se transforme en système ternaire concordant :

2 // 6 // 4
(4+2)

Perso//nne ne lit plus ⫶ le sort // dans les tarots

L'enjambement interne poussé à ses extrêmes conséquences peut ainsi déterminer un changement des rapports rythmiques. Incertitude encore, et, pour le lecteur, nécessité de l'option. On comprend facilement qu'une poétique soucieuse de la stabilité des structures ait pu répugner à ces flottements. On conçoit aussi qu'ils aient pu séduire par des souplesses et des pouvoirs nouveaux.

Conséquences de la discordance

Fondée sur un processus d'écart entre des structures syntaxiques naturelles et des structures métriques données par la tradition, l'habitude ou le mouvement d'un contexte, la discordance est un phénomène logiquement lié au vers régulier. Elle est normalement incompatible avec le principe du vers libre, dont le rythme et le mètre sont à recréer à tout instant, en fonction des groupements mêmes de la phrase. C'est pourquoi d'ordinaire elle a besoin, pour y produire ses effets :

— soit d'un adjuvant de présentation visuelle, comme est par exemple l'isolement hors cadre de l'élément sur lequel elle porte :

Oh! dans les bruines, toutes mes cheminées
D'USINES!   LAFORGUE

— soit de la référence implicite à un mètre familier, un instant revenu à la surface de la conscience, et sur le fond duquel l'effet peut se détacher :

Je fis un feu, L'AZUR // m'ayant abandonné,
Un feu pour être son ami,   ÉLUARD

Mais les plus habiles savent combiner en subtils décalages deux dessins métriques superposés, l'un donné par la présentation visuelle, qui fait apparaître la discordance, l'autre suggéré par les groupements de la grammaire en structures rythmiques tout aussi sensibles. Tel Michel Leiris laissant la conscience partagée entre deux découpages métriques, l'un déterminé par la discordance visuelle :

> Au fond du creuset de l'arène
> Comme une pierre ridant l'eau
> Le matador se tient
> Debout

(soit : un couple d'octosyllabes, un hexasyllabe, un rejet détaché hors-cadre), l'autre amené en surimpression par les tentations de la concordance, lesquelles recomposent le parallélisme de trois octosyllabes, demeuré virtuel au sein même de la concordance qui l'avait brisé :

> * Au fond du creuset de l'arène
> Comme une pierre ridant l'eau
> Le matador se tient debout

Ou tel Aragon plaquant une présentation discordante sur des groupements au rythme naturel sous-jacent peut-être, mais non moins présent pour autant :

> Toutes les chambres de la vie au bout du compte sont
> Des tiroirs renversés Toutes les
> Chambres de la vie et celles dont
> Je ne dis rien toutes les chambres maintenant

(Découpage grammatical :

> * Toutes les chambres de la vie.................... 8
> Au bout du compte sont des tiroirs renversés.............12
> Toutes les chambres de la vie............................8
> Et celles dont je ne dis rien.............................8
> Toutes les chambres maintenant......................8).

De sorte que la conscience de lecture est comme divisée entre les deux systèmes, piquée du partage des impressions et en même temps enrichie par le double éclairage du discours, à la fois irritée et comblée.

Apparente dans le vers libre, cette tension de l'énoncé entre un donné discordant et un rythme second propre à rétablir la concordance peut faire comprendre les variations de structure rythmique qu'à l'intérieur même du vers régulier la discordance a favorisées. On en a vu au passage quelques exemples avec le glissement de la formule binaire à la formule ternaire par regroupement des mesures centrales du vers, sur option stylistique dans le cas du rejet (p. 121) ou du contre-rejet (p. 125), sur simple tentation logique dans le cas de l'enjambement (p. 130). Le phénomène mérite examen, car il est de quelque conséquence.

Les changements d'équilibre par le jeu de la discordance sont utilisés notamment comme facteurs de diversité, d'ambiguïté ou de transition dans les vers qui ont une structure variable soit par l'effet de la coutume, soit par celui des créations. Le décasyllabe traditionnel s'établit par exemple, comme on sait, sur deux formules concurrentes, l'une en cadence majeure 4//6, la plus commune :

> Frères humains // qui après nous vivez,

l'autre en cadence mineure 6 // 4 :

> Se frères vous clamons,// pas n'en devez

Mais un Valéry, par le moyen du rejet interne, sait balancer le rythme entre l'une et l'autre :

> Entre les pins PALPITE, entre les tombes;

4//6 discordant? 6//4 concordant? C'est le rejet plus ou moins appuyé qui conditionne ici l'option rythmique. Autre exemple, moins commun peut-être, mais non moins significatif, et montrant que le polymorphisme amené par la discordance s'étend à toutes sortes de vers : l'impair de 13 fonde son équilibre sur la coexistence renouvelée de deux groupements familiers prenant valeur d'hémistiches (un de 5, l'autre de 8), comme on le voit dans la tradition de la poésie burlesque qui en a transmis la formule :

> Jetons nos chapeaux,// et nous coiffons de nos serviettes,
> Et tambourinons // de nos couteaux sur nos assiettes.

SCARRON

Verlaine, l'utilisant dans un registre grave, en change radicalement les résonances, faisant basculer le système pour passer d'une cadence majeure fortement sentie (5//8) à une cadence mineure en progression plus feutrée (7//6) :

> Qu'adorer obscurément // la mystique sagesse,
> Qu'aimer le cœur de Jésus // dans l'extase profonde,

Mais, là encore, la discordance interne assouplit l'opposition des structures par des formules de transition, et cela jusque dans la succession même des vers :

> Ma voix hurlerait // parmi le chœur des voix des justes:
> Ivre encor du vin AMER de la terrestre vigne,
> Elle pourrait offenser // des oreilles augustes.   VERLAINE

Le premier vers conserve la structure traditionnelle 5//8, le second présente un système transitoire (5//8 avec rejet ? 7//6 concordant ?), au troisième le changement de structure est réalisé (7//6).

Il allait de soi que ces phénomènes de transition aidassent particulièrement, dans l'alexandrin, au développement de la formule ternaire, soit que des rejets ou contre-rejets internes fussent amenés à céder devant les tentations d'une concordance nouvelle :

> Tu veux un Dieu, DE PEUR d'en perdre l'habitude.   HUGO

(« 4/2//2/4 à contre-rejet » devient « 4//4//4 concordant »), soit que les suites normales de l'enjambement interne missent en péril l'accent d'hémistiche jusqu'à le subordonner aux autres, voire à l'effacer :

> Toute la mer semblait flotter dans ses cheveux.   HUGO
>   (—)

(« 4/2//2/4 à enjambement » devient « 4//4//4 concordant »). Et là encore viennent s'exercer les virtuosités, comme aussi à l'égard de la règle — pour qui tient au respect formel du système binaire dans l'alexandrin — de délicates subtilités. C'est Hugo conservant à la sixième syllabe non seulement une séparation de mots, mais encore la possibilité d'un fort accent, ce qui permet la superposition, et comme la coexistence, des deux structures:

Tendre ou farouche, immonde ou splendide, humble ou grande,

La structure binaire souligne ici l'alternative; la ternaire, l'énumération. Découper le vers en deux hémistiches serait un non-sens; en marquer seulement le rythme ternaire serait l'appauvrir, car ce serait négliger une partie de ses effets et compter pour rien le jeu de contrepoint accentuel qui, en les mêlant, les multiplie. Si bien qu'entre l'accent sixième et les accents de concordance générateurs du rythme ternaire la balance reste presque égale :

$$\acute{}\ \_\_\_'' \ // \ \_\_\check{} \mid \_\_\_\check{} \ // \ \acute{}\_\_\_''$$

double système rythmique qui fait la force même du vers. Ou bien c'est Verlaine colorant, selon une analyse d'Henri Morier, « d'une touche mélodique transitoire une sixième syllabe enclose dans le groupe central du vers » :

Des ronds-points;// au milieu, des jets d'eau; // des allées
(montée mélodique sur ''au milieu'')

et restituant ainsi un pseudo-accent d'hémistiche au sein même d'une structure ternaire incontestée.

Ainsi la discordance établit-elle, entre le système binaire et le ternaire, de multiples formules de coexistence et de transition. Ces formules, dans l'ordre de l'histoire, ont également contribué à l'assouplissement de l'un et à l'extension de l'autre. Dans l'ordre de l'interprétation elles appellent une scansion nuancée, où entrent en ligne de compte la grammaire et le style, les tentations et les traditions, les habitudes du mètre et les mouvements du texte, la proportion des formes et les détails du sens. Les formules binaires et les formules ternaires de l'alexandrin ne sont pas séparées par une démarcation brutale. Des plus nettes d'un type aux plus nettes de l'autre s'étendent de larges zones d'interférences, que le jeu de la discordance interne fait varier à l'infini. En outre des cas limites nombreux laissent au lecteur le choix entre deux éclairages possibles des mots (*cf.* pp. 121, 125), tel dégageant par un contre-rejet suspensif l'unité d'un second hémistiche :

Le colchique COULEUR // de cerne et de lilas APOLLINAIRE

tel autre distinguant par la scansion ternaire les deux notations successives qu'il contenait :

> Le colchique // couleur de cerne // et de lilas

l'un soulignant ailleurs par le regroupement des éléments centraux du vers la cruauté inconsciente d'une expression globale :

> Que la fosse //qu'on fit d'avance //à votre taille   ARAGON

(il s'agit des combattants abrités dans leur « trou d'homme » individuel), l'autre cherchant la note tragique dans un détachement en rejet :

> Que la fosse qu'on fit // D'AVANCE à votre taille

celui-ci ralentissant l'expression de la confidence par un vestige d'accent d'hémistiche avec enjambement :

> Quand notre cœur a fait ⁝| une fois sa vendange,   BAUDELAIRE
> (—)

celui-là la laissant aller au gré du groupement naturel des mots :

> Quand notre cœur //a fait une fois //sa vendange,

et les options dépendant au surplus non seulement de la couleur individuelle du vers, mais encore de sa place dans un système d'ensemble, c'est-à-dire dans un contexte au sein duquel il prend fonction par parallélisme, variation ou opposition. La scansion ternaire ne fait pas difficulté quand la sixième syllabe est évidemment inaccentuable, qu'elle appartienne à un élément proclitique :

> C'est un plaisir,// c'est un désir,//c'est un tourment,   ÉLUARD

qu'elle tombe à l'intérieur d'un groupe sémantique global :

> Tu fais l'effet//d'un beau vaisseau//qui prend le large,
>
> BAUDELAIRE

à l'intérieur d'une expression composée :

> Plus de tambours//battant aux champs,//plus de couronne,
>
> HUGO

ou, plus nettement encore, à l'intérieur d'un mot :

> Nous avancions// tranquillement//sous les étoiles.   VERHAEREN

Il n'est alors que de considérer son éventuelle valeur d'expression dans le mouvement général du poème : l'analyse à faire n'en est plus que stylistique, tous problèmes proprement métriques étant ici résolus. Ces problèmes ne se posent qu'à peine dans le cas — courant dans le vers romantique — du ternaire à accents secondaires : l'accent sixième y reste un accent interne de groupe, subordonné aux accents principaux comme l'est l'accent de simple mesure à l'intérieur de l'hémistiche dans le vers binaire, et il n'a pas plus d'importance dans la détermination de la structure de base que n'en ont les accents secondaires qui peuvent se trouver à l'intérieur des groupes voisins :

> L'horreur/ des bois,//l'horreur/ des mers,//l'horreur/des cieux.
>
> HUGO

Les accents secondaires nuancent ici le rythme ternaire en le dédoublant : ils ne le mettent pas en question. Mais que l'accent sixième, dans d'autres constructions, se renforce tant soit peu (*cf.* p. 121), et l'on se retrouve à la limite du binaire discordant, on revient aux options et aux doutes rythmiques. C'est alors à une conscience la plus sûre possible des valeurs du texte qu'il faut faire appel pour résoudre ces doutes et prendre ces options. Le rôle esthétique de la discordance est au fond de faire du rythme du vers un donné mouvant, dont il est après tout fort sain qu'il laisse, pour son interprétation, quelque part à l'intelligence.

Accent rythmique et accent contre-tonique ou oratoire

Le problème de la concordance et de la discordance est celui que posent les rapports de l'accent rythmique avec l'accent grammatical. Les analyses ou discussions qui précèdent illustrent l'importance essentielle de ces deux catégories d'accents dans la détermination des structures métriques.

Accentuation accessoire

C'est par ce titre qu'on peut au contraire définir (*cf.* p. 113) l'action ordinaire des accents contre-tonique et oratoire. Accents de caractère secondaire, souvent liés à l'interprétation subjective plus qu'à la nature du discours, ils n'entrent pas de façon constante dans la constitution du rythme. Ils l'enrichissent ou le nuancent : ils ne le créent pas. Ce vers des *Fleurs du Mal :*

O fangeuse grandeur! Sublime ignominie!

fonde naturellement son rythme sur les quatre toniques des mots pleins (3/3//2/4). La présence à la fin de chaque hémistiche des accents marquant les articulations grammaticales assure une concordance sans problèmes. Cela suffit pour établir la structure de base du vers. Une diction expressive peut, le cas échéant, faire porter un accent de présentation oratoire sur l'outil vocatif, un accent oratoire affectif sur l'attaque consonantique de chaque nom et adjectif pour souligner les antilogies rhétoriques et traduire phonétiquement le caractère intensif de l'énoncé. Une diction fortement scandée peut y ajouter un accent contre-tonique comme appui supplémentaire à l'intérieur d'un groupe final assez volumineux pour l'appeler :

ignominie
t   T

De sorte que la représentation d'ensemble du vers réalisé par la parole sera à peu près celle-ci (code p. 113) :

$$\begin{array}{ccccc}
O\ O & O & O & & O \\
\end{array}$$

O fangeu/se grandeur!// Sublime / ignominie!

$$\begin{array}{ccccc}
T & T & T & t & T \\
r^1 & R^1 & r^2 & & R^2 \\
 & G^1 & & & G^2 \\
\end{array}$$

Mais l'accent contre-tonique et les accents oratoires n'apparaissent que comme des détails d'interprétation liés à des réactions individuelles et aux modalités du ton adopté. Ils ne déterminent pas le rythme, lequel reste attaché aux accents toniques et à leur coïncidence avec les articulations grammaticales. Si le contre-tonique et les oratoires disparaissaient par l'effet de quelque aplatissement inexpressif de la diction, la structure rythmique resterait en place. Mais les toniques ne pourraient changer dans leur place ou leur hiérarchie sans modifier cette structure ou la détruire. C'est en ce sens qu'on peut dire que les accents de caractère contre-tonique ou oratoire sont des accessoires du rythme, non des constituants.

Fonction de suppléance

Il est un cas cependant où ces accents latents, d'accessoires qu'ils sont habituellement, deviennent essentiels à la constitution du rythme. Le fait se produit quand les hasards de la phrase amènent le poète à présenter des ensembles *monogroupes*, c'est-à-dire des unités structurales de quelque étendue (un hémistiche d'alexandrin par exemple) ne comportant qu'un seul accent tonique, et donc, pour l'établissement du rythme, un seul repère fondamental. C'est ce qu'on voit dans ce vers de Vigny :

> Un navire y passait majestueusement.

Pas de problème pour le premier hémistiche : les accents toniques ordinaires en établissent normalement le rythme (3/3). Problème pour le second : il est monogroupe, n'ayant, dans l'ordre tonique, qu'un accent. Si l'on s'en tient à la seule accentuation tonique, la structure du vers est déséquilibrée : le système d'ensemble demeure (6//6), mais les structures de détail manquent de cohérence, le premier hémistiche ayant une organisation perceptible, le second non. Or on constate aux expériences de diction que cette organisation des syllabes non donnée par l'accentuation tonique, l'accentuation contre-tonique peut l'assurer. Un accent secondaire en ce cas se porte spontanément deux syllabes avant la tonique, coupant ainsi le mot en deux mesures (4/2) et introduisant de la sorte dans l'hémistiche originellement massif et inorganique le système de rapport de groupes qui lui manquait, lui rendant en somme un rythme (*majestueu / sement*). L'accentuation contre-tonique, ordinairement accessoire, est intervenue avec *fonction de suppléance* pour assurer le rythme que l'accentuation tonique à elle seule ne réalisait pas complètement. On peut éventuellement tirer parti de ce détail sur le plan du style. Il serait loisible par exemple d'observer ici que l'accentuation contre-tonique coïncide avec l'étalement syllabique de la diérèse pour donner au mot un poids supplémentaire dont on peut voir alors, une fois les phénomènes identifiés, s'il a valeur d'expressivité. Mais l'essentiel, dans un cas semblable, est, en matière métrique, de constater le caractère complémentaire de l'accentuation contre-tonique pour l'établissement du rythme. Ce n'est plus alors comme nuance ou coloration de détail qu'elle joue un rôle dans la constitution du vers : c'est comme composante réelle de sa structure.

Cette suppléance rythmique peut être assurée de même par l'accentuation oratoire. Affaire de contexte, de sens et de ton. Là où l'adverbe de Vigny s'étend calmement sur l'hémistiche, ne demandant d'autre acccent que celui qui ordonne la progression de ses syllabes, là où la raison cornélienne exclut tout accent de passion :

> Je donnai / par devoir // à son affec/tion
> Tout ce que l'autre / avait // par inclina/tion.

(simple équilibrage de chaque second hémistiche par intervention d'un contre-tonique léger), là où un lyrisme de la confidence n'appelle rien d'autre qu'un discret appui (*Ne te souviens-/tu pas//*...), une poésie de forte expressivité impliquera au contraire, pour structurer ses monogroupes, le recours aux accents oratoires, accent d'affectivité chez un Baudelaire :

> Plutôt / que de nourrir // cette / dérision!
>   O

ou accent d'insistance chez un Péguy :

> Dans les en/voûtements // et les a/charnements.
>   O   O

Alors, dans le monogroupe, ce n'est plus un accent de voyelle, tonique ou contre-tonique, qui crée le rythme : c'est l'accent consonantique d'attaque de la série syllabique mise en relief par la force du sentiment. L'accent de suppléance n'est plus un accent linguistique tenant à la nature des mots et des syntagmes : c'est un accent stylistique qui vient remplacer, pour l'établissement des structures rythmiques, l'élément de langue défaillant. Détail important, cela va de soi, pour l'interprétation comme pour l'analyse.

Au demeurant, les deux accents, contre-tonique et oratoire, peuvent s'étayer mutuellement pour renforcer la même syllabe, le contre-tonique déterminant alors la délimitation des mesures :

$$O$$
Et qu'on était / content// de son exac/titude,
$$t$$ PÉGUY

Mais souvent aussi le rythme du monogroupe reste indécis, partagé qu'il est entre les deux tentations de l'équilibrage par contre-tonique et de l'équilibrage par accent affectif :

Et le commencement // de ma perdition!
$$O \quad t \qquad\qquad O \quad t$$ BAUDELAIRE

L'octroi à l'un ou à l'autre de la fonction séparative qui précise le rapport des mesures ne dépend plus alors que de l'interprétation, elle-même naturellement liée aux détails du ton et du sens. Il est même des cas où cette fonction peut rester virtuelle, sans s'exercer rigoureusement. Le rôle des accents contre-tonique et oratoire consiste alors à donner dans les monogroupes le *sentiment* du rythme, sans fixer celui-ci en exactes proportions.

Toutes sortes de nuances sont donc observables dans le jeu des accents contre-tonique et oratoire. La réalisation phonique du discours et l'étude stylistique qu'on en peut faire y sont naturellement intéressées. Mais leur emploi proprement métrique obéit à deux principes simples, que l'on peut en pratique formuler ainsi :

1) Ces accents sont ordinairement trop variables et incertains pour qu'on les prenne en compte dans la détermination du rythme. Ils n'y jouent qu'un rôle accessoire.

2) Ils entrent seulement dans sa constitution réelle en cas de défaillance de l'accentuation tonique, pour fournir les appuis ou repères que celle-ci, momentanément, ne donne pas.

CHAPITRE 5

Annexes du rythme
LES CÉSURES
ET LES COUPES

Le fondement du rythme métrique est constitué par les accents. D'où l'importance de leur identification, de leur nature et de leurs relations. La question se pose de savoir dans quelle mesure interviennent dans l'établissement et la perception des structures rythmiques les éléments que la tradition théorique ou critique désigne par les noms de *césure* et de *coupe* et quelle place il convient de leur faire dans l'étude du système du vers.

La césure

En métrique française, la césure (marque ordinaire selon les conventions d'analyse : deux barres de séparation //) n'est rien d'autre que *le point où, dans un système binaire, se fait le départ entre les deux groupements syllabiques constitutifs du vers.* Cette constitution, on l'a vu (p. 17) se fonde sur le rapport de leurs nombres. Le rapport peut être *rationnel* (ex. : égalité 6//6) ou simplement *coutumier* — cf. p. 29 (ex. : 4//6 dans le décasyllabe commun). Il peut être *fixe* (ex. : 6//6 dans l'alexandrin classique) ou variable (ex. : 3//6, 4//5, 5//4 dans l'ennéasyllabe) — on parle alors de césure *mobile*. Tantôt il est donné par la tradition et les règles de l'art : c'est le système du vers classique; tantôt il est l'objet d'une libre création : c'est le système du vers moderne. Dans ce dernier cas, l'ensemble prend forme métrique césurée dès que le rapport des groupements est sensible, rapport d'égalité :

> Morts aux postures contraint(es)// et gênés par trop d'espace
>
> SUPERVIELLE

(ici égalité 7//7); rapport de proportion ou de progression (croissante ou décroissante) :

> Il tourne autour de la terre //et la tête lui tourne.
>
> DRIEU LA ROCHELLE

(ici progression décroissante 7//6); voire simple juxtaposition de nombres métriques familiers combinés en systèmes perceptibles :

> Au premier mot limpide // au premier rire de ta chair   ÉLUARD
>   6   8

> Le grand frigorifique blanc // dans la nuit des temps   BRETON
>   8   5

Ce sont les groupements, classiques ou modernes, ainsi délimités et mis en relation, qu'une terminologie bien assurée sur ce point désigne par le nom d'*hémistiches* (*cf.* p. 18). Les hémistiches peuvent être, quant à leur structure interne, inorganiques (c'est-à-dire *monogroupes*) — surtout quand ils sont brefs — ou organisés (c'est-à-dire fondés eux-mêmes sur un rapport de mesures) :

> Oisiveté,// mais plei/ne de pouvoir,   VALÉRY

Un seul accent ici pour le premier hémistiche (son accent final) : on a un hémistiche monogroupe, sans accent intérieur ni de nature ni de suppléance, et qu'on appellera hémistiche *simple*. Deux accents pour le second (l'accent final et un accent interne), qui lui donnent une structure organisée par rapport de mesures (2/4), système de détail au sein du système d'ensemble que forme le vers : c'est un hémistiche *composé*. Le terme d'*hémistiche* (qui signifie 'demi-vers') ne s'applique strictement qu'aux groupements syllabiques égaux en nombre de part et d'autre de la césure (alexandrin 6//6, décasyllabe 5//5, etc.). Mais, par une extension d'emploi commode et légitime, il peut désigner aussi des séries inégales, comme sont celles du dernier exemple (4//6). Les hémistiches ne se définissent donc pas seulement par l'égalité, mais, plus largement, par la relation de leurs nombres syllabiques, qui détermine la structure du mètre — relation dont l'égalité n'est qu'une forme entre autres.

Les termes de *césure* et d'*hémistiche* ne sont pas d'ordinaire employés dans le cas des vers courts, où l'hémistiche se réduit à une mesure et la césure à une coupe de séparation entre deux mesures. En théorie et par tradition ce vers n'est pas césuré :

La cigale / ayant chanté

Cette timidité peut paraître excessive. Il n'y a pas de raison logique pour réserver l'application des notions de césure et d'hémistiche aux vers longs et aux constituants métriques de forme composée. Le premier membre du décasyllabe de Valéry précédemment cité est couramment appelé hémistiche. C'est donc que la notion d'hémistiche-mesure (hémistiche simple) est largement autorisée. Et d'autre part la structure d'un vers court n'est pas foncièrement différente de la structure d'un vers long : dans l'un comme dans l'autre il y a passage du discours sur le plan du mètre parce qu'intervient dans l'égrènement des syllabes un principe d'organisation et de distribution; que la démarcation entre les séries constitutives soit principale ou unique ne change rien à la nature des choses. Il semble donc qu'on puisse parler de césure et d'hémistiche à propos d'hexa-, d'hepta-, d'octosyllabes aussi bien qu'à propos de décasyllabes ou d'alexandrins. On dira par exemple sans abus qu'un vers comme celui-ci :

Et souviens-toi // que je t'attends   APOLLINAIRE

est constitué de deux hémistiches et césuré 4//4. Au demeurant, qu'on étende ou non aux vers courts les notions d'hémistiche et de césure, le fait est sans grande conséquence dans l'ordre des simples classements, puisque coupe et césure s'y confondent comme se confondent hémistiche et mesure. Dans l'ordre de la conscience poétique, il est peut-être plus important. Les modernes nous le montrent bien, qui jouent sur le démontage ou le remontage du mètre pour donner, par la présentation visuelle, à l'hémistiche le poids d'un vers, à la mesure le poids d'un hémistiche, et réciproquement. Démontage chez Apollinaire, qui, d'édition en édition change ainsi l'ordre d'un tableau :

> Les va/ches y paissant // lentement / s'empoisonnent

devenant :

> Les va//ches y paissant
> Lentement // s'empoisonnent

Remontage chez Eluard, qui, dans deux poèmes voisins, reconstitue l'alexandrin d'abord décomposé en hexasyllabes :

> Signal vide // et signal
> A l'éventail // d'horloge

devenant dans le poème suivant :

> Signal vide / et signal // à l'éventail / d'horloge

Ou jeu systématique sur le double mètre chez Reverdy, comme la place de la rime le prouve clairement :

> Sous le pont / accroupi // se gli/sse la tempête
> Les voi//les du vaisseau
> Les ai//les d'une bête

Les éléments linguistiques intéressés et leurs rapports syllabiques sont bien les mêmes, de quelque façon qu'on les nomme. Mais l'attention même portée par les poètes à ces |transformations montre que sur le plan de la perception poétique les éclairages sont différents de la mesure à l'hémistiche, de la coupe à la césure, comme ils sont différents de la saisie par hémistiches à la saisie par vers. Quand un fragment, quelle qu'en soit l'étendue, devient structure métrique autonome, autant lui appliquer les termes (césure, hémistiche) qui caractérisent le vers comme tel. Le système du vers français étant somme toute cohérent, il peut être utile à une juste vue des choses que le vocabulaire qui le décrit le soit aussi.

Autre problème de terminologie lié aux formes de perception du vers : l'application de la notion de césure aux vers de structure ternaire. La définition proposée p. 141 lie la césure aux systèmes binaires. Or il est certain que les membres d'un vers ternaire ne sont pas des mesures ordinaires, mais, comme les hémistiches dans le binaire, des constituants fondamentaux de la structure métrique. Ils peuvent d'ailleurs, comme les hémistiches encore, être eux-mêmes des composés de mesures, ainsi que l'atteste l'existence d'un alexandrin ternaire à accents secondaires, du type étudié p. 136 :

L'horreur/ des bois,// l'horreur/ des mers,// l'horreur/des cieux.

Dès lors il ne serait pas illogique de parler pour le vers ternaire d'un système à double césure et d'étendre la conception de celle-ci en la définissant simplement, sans se limiter aux structures binaires, comme *le point où se fait le départ entre les groupements syllabiques constitutifs du vers ;* ce point pouvant être unique (système binaire) ou double (système ternaire), et ces groupements pouvant être au nombre de deux ou de trois. Mais la métrique française est ici prisonnière de vieilles habitudes et de tabous plus ou moins avoués. On sait avec quelles réticences y a été admise en droit l'existence des structures ternaires, alors qu'elles y ont toujours existé en fait. On sait la longue survivance historique, dans les alexandrins ternaires les plus patents, d'une apparente césure médiane, pour l'oreille d'abord par le maintien à la sixième syllabe d'une possibilité — si faible fût-elle — d'accent, pour l'œil ensuite par une séparation de mots entre la sixième et la septième, et combien les ternaires affirmés par la distribution même des mots, du type :

Votre génie // improvisait // au piano   VERLAINE

ont eu de mal à passer dans les mœurs. Et il est remarquable qu'en versification traditionnelle l'articulation dite enjambante (c'est-à-dire tombant avant une atone finale de mot, *cf.* p. 151) soit chose commune dans le ternaire (point *A* ci-dessous)

L'archer super//be fit un pas // dans les roseaux.   HÉRÉDIA
   A

alors qu'elle est rigoureusement exclue du binaire et qu'il faudra attendre l'époque moderne pour la voir ressurgir des lointains de la poésie médiévale et reparaître dans des vers comme :

　　Sont les ongles de ce//lle que j'ai tant aimée　　APOLLINAIRE

Cela signifie que, dans la conscience poétique générale, la césure du binaire et la double césure du ternaire — si l'on peut parler ici de « césure » — ne sont pas senties de la même façon, la dernière restant assimilée à une coupe secondaire de séparation de mesures, dans le cas de laquelle le passage « enjambant » (*Vous mourû/tes aux bords //*...; *cf.* p. 174) est courant. Les raisons se balancent donc d'étendre ou non le mot et l'idée de césure aux articulations des systèmes ternaires. La logique et l'évolution moderne y invitent. La tradition et les habitudes y répugnent. Et la cohérence terminologique, en admettant que la logique l'emporte, ne saurait être totale, le terme d'*hémistiche* — normalement associé à celui de *césure* — ne pouvant s'appliquer aux membres du ternaire, et aucun terme spécial n'existant dans la pratique pour indiquer leur spécificité (p. 19). L'indécision du vocabulaire traduit ici celle même d'une conscience métrique encore embarrassée des survivances de toute une tradition. Mais, ces survivances étant après tout partie intégrante de cette conscience, on ne saurait en faire litière sans la trahir elle-même. On laissera donc le nom des articulations du ternaire flotter entre les termes de *césure* et de *coupe*, en en précisant l'emploi à l'occasion : une détermination claire — *coupes principales du ternaire*, par exemple — peut y pourvoir sans trop de peine.

Nature de la césure

　　Point de partage entre des séries syllabiques, la césure est-elle une abstraction, simple séparation idéale, ou une réalité concrète marquée phonétiquement ?

　　La césure est ici peut-être, dans la critique et la théorie, victime de l'étymologie. La « coupure » qu'au sens littéral du terme elle est censée représenter est souvent interprétée comme une « interruption », un « arrêt », un « repos », une « pause ». La réalité est plus diverse et plus complexe.

En principe la séparation des hémistiches se fait naturellement sur une articulation de syntaxe à l'intérieur du vers. Si cette séparation aboutit à une répartition organisée par rapports sensibles ou nombres familiers, le mètre prend forme. Mais on a vu aussi que la discordance interne pouvait superposer à une formule d'équilibre préétablie un énoncé dont l'articulation ne correspondrait pas à la césure donnée. La césure est donc une affaire de forme au moins autant qu'une affaire de sens[1]. Les deux vont de pair en cas de concordance entre la phrase et un mètre fixé. C'est le principe du vers classique :

> Un trouble s'éleva // dans mon âme éperdue.   RACINE
> forme
> sens

Ils vont de pair encore dans le vers de formule libre, où la césure, non placée d'avance, ne se détermine qu'en fonction du sens :

> Et le fond de sa chanson // ressemble à la nuit   7//5
> BRETON

Mais entre les deux s'étendent les larges zones de la discordance par décalage entre la césure donnée du mètre fixe et l'articulation naturelle de la syntaxe, et c'est alors la forme qui l'emporte sur le sens, par exemple en cas de rejet interne :

> J'ai vu des archipels // sidéraux!/ et des îles   RIMBAUD
> forme   sens

La césure est donc un moyen de distribution des nombres syllabiques donné par :
— la forme unie au sens dans le vers concordant,
— le sens créateur de la forme dans le vers libre,
— la forme malgré le sens dans le vers discordant.

---

1. C'est d'ailleurs conforme à l'histoire de ses origines telle que Georges Lote l'établit en détail et telle que la résume clairement Frédéric Deloffre (*op. cit.*, pp. 31 *sq.*).

C'est ainsi qu'il faut, semble-t-il, apporter quelques nuances à l'idée commune d'interruption du sens associée à la notion de césure.

Les idées de pause ou d'arrêt en appellent aussi. La césure n'est pas marquée nécessairement par une interruption de la chaîne syllabique. Les hémistiches peuvent être séparés par une pause ou enchaînés directement l'un à l'autre. Cela dépend uniquement de la grammaire. Quand Hugo écrit :

> Ce siècle avait deux ans.// Rome remplaçait Sparte,

il y a pause au milieu du vers simplement parce qu'une phrase se termine. Mais quand il poursuit :

> Déjà Napoléon // perçait sous Bonaparte,

la chaîne syllabique est continue, la phrase passant d'un hémistiche à l'autre sans interruption. La chose est spécialement nette en cas d'élision à la césure, car alors, phonétiquement, la consonne précédant l'*e* caduc élidé se rattache, sauf faits de prononciation spéciaux, à la syllabe qui suit, éliminant toute possibilité de pause ou d'arrêt. Dans le deuxième vers du *Lac* de Lamartine, la coupe syllabique réelle à la césure devrait être figurée ainsi :

> Dans la nuit éterne//ll(e)-emportés sans retour,

Le *l* est prononcé et entendu comme s'il était la consonne d'attaque de la septième syllabe, et ce n'est que par l'effet d'une convention traditionnelle, soucieuse de ne pas grever la scansion figurée de coupures et de signes incommodes pour la lecture, que la césure est indiquée à la séparation des mots :

> Dans la nuit éternelle // emportés sans retour,

Il en va de même en cas de présence à la césure d'une consonne de liaison. Dans ce vers de Mallarmé :

> A ce père essayant // un sourire ennemi,

le *t* de liaison appartient en fait au deuxième hémistiche : il n'y a pas à la césure solution de continuité.

Donc la nature de la césure, ce n'est pas d'être un arrêt. Elle coïncide avec un arrêt si la grammaire et le sens le demandent. Mais ce n'est pas cet arrêt qui la constitue.

N'est-elle alors qu'abstraction? Que convention d'analyse permettant d'indiquer la syllabe qui porte l'accent final d'hémistiche, c'est-à-dire l'accent principal intérieur du vers? Elle n'aurait en ce cas de réalité que celle de cet accent même; elle serait seulement une expression de sa valeur séparative pour la décomposition du compte syllabique, la distinction des hémistiches et l'équilibrage du vers. On s'en tient d'ordinaire à cette vue des choses pour satisfaire aux besoins communs de la perception et de la description, et c'est en ce sens qu'on parle souvent de l'*accent de césure*, en corrélation ou opposition avec l'*accent de rime* (ou, plus généralement, *de fin de vers*).

Des analyses plus serrées conduisent sans doute à modifier un peu ce point de vue. Henri Morier, étudiant en diction réelle, sur enregistrement graphique des composantes de la parole, le rapport de la césure avec l'ictus (temps fort marquant le rythme dans la conscience du récitant) est amené à en préciser tant la place que la nature [1]. Et il semble que cette place soit non sous l'accent, mais *après*, qu'il s'agisse :

— de la *césure-arrêt* du vers discontinu :

> Si Titus est jaloux, Titus est amoureux.   RACINE

(césure, naturellement, par silence à la virgule);

— de la *césure-dépression* du vers continu ordinaire :

> Le moment où je parle est déjà loin de moi.   BOILEAU

(césure par baisse d'intensité et éventuellement de niveau mélodique entre *r* et *l* de *parle*, en diction normale);

— ou de la césure-relief du vers affectif discordant (dite par l'observateur « *césure consonantique verlainienne* ») :

> J'ai l'extase et j'ai la terreur d'être choisi.   VERLAINE

(césure par renforcement oratoire du *t* d'attaque du second hémistiche, après allongement accentuel d'attente sur le *a* de l'article *la*, le tout déterminant un rejet).

---

1. *Le Vers français au XX*ᵉ *siècle*, Paris, Klincksieck, 1967, pp. 92 *sq.*

Dans tous ces cas, on voit le caractère très approximatif des ordinaires scansions figurées :

> Si Titus est jaloux,// Titus est amoureux.
> Le moment où je parle // est déjà loin de moi.
> J'ai l'extase et j'ai la // TERREUR d'être choisi.

On sera cependant d'avis de les conserver : la fonction métrique fondamentale de la césure reste de marquer la séparation des hémistiches quelles que soient sa place précise et sa réelle manifestation, et la figuration conventionnelle y pourvoit, somme toute, assez clairement. Il en va, au vrai, de la césure comme des syllabes : de même que ce qui importe à la construction du vers c'est bien leur décompte, non leur exacte délimitation (*cf.* p. 34), de même l'essentiel pour la césure c'est le repère qu'elle procure et non la forme qu'elle prend. La vertu de l'analyse expérimentale est ici de montrer les illusions de l'art. L'analyse esthétique peut les conserver, pourvu que ce soit en connaissance de cause.

Modalités de la césure

Malgré toutes les révolutions poétiques des temps modernes, la force de la tradition classique reste telle que semblent naturels l'équilibre préétabli des hémistiches ou la séparation des mots à la césure. Si bien que toute déviation par rapport à ces normes fait figure d'écart générateur de malaise, quand on n'a pas la complaisance de le juger créateur d'effet. Le vers moderne et l'ancien se rejoignent pourtant ici pour assouplir nos habitudes.

Règles classiques, licences anciennes et modernes

Le principe classique d'exacte coïncidence entre le dessin rythmique du vers et son dessin lexical et grammatical (« *le sens coupant les mots* ») a fait appliquer à la césure un certain nombre de conditions, dont la culture et l'histoire ont fait une seconde nature, surtout jointes comme elles pouvaient l'être à la satisfaction apparemment rationnelle d'accorder l'expression au contenu.

1. C'est l'interdiction pour la césure de se trouver *à l'intérieur d'un mot*, puisqu'elle est liée à l'accent d'hémistiche, que cet accent est de nature tonique et que la tonique est une fin de mot. De là ces inversions qui, avec ou sans valeur de style, avec ou sans raison du côté de la rime, ont pour fonction interne de mettre à la bonne place la césure et l'accent :

> Pleurant de mes longs jours // l'espoir évanoui,   Lamartine

L'ordre naturel des mots :

> * Pleurant l'espoir éva ┊ noui de mes longs jours,

ne laisserait d'alternative qu'entre une césure impossible en bonne règle et un glissement à un type déclaré de ternaire, de style verlainien peut-être, mais sûrement pas lamartinien.

2. C'est — cas particulier de la règle précédente — l'interdiction pour la césure de se trouver *devant une finale atone à valeur syllabique* (c'est-à-dire devant un *e* caduc prosodiquement compté) De là l'obligation, pour l'*e* caduc, de l'*élision à la césure :*

> Oui, je viens dans son templ(e)// adorer l'Éternel.   Racine

Une césure sans élision, du type :

> * Oui, je viens dans son tem//ple prier l'Éternel.

est exclue du vers régulier.

3. C'est encore l'interdiction pour la césure de se trouver *après une finale atone à valeur syllabique*, car alors la relation immédiate de la césure avec l'accent ne serait pas assurée. D'où les transpositions de mots si largement utilisées dans le vers classique pour assurer la présence à la césure d'une finale « masculine » naturellement accentuée :

> Mais les prêtres bientôt // nous ont enveloppés.   Racine

Un vers du type :

> * Mais bientôt les prêtres nous ont enveloppés.

ne laisserait à son tour d'alternative qu'entre deux scansions également incompatibles avec le système classique : ou un chan-

gement de rythme par déplacement de l'accent d'hémistiche
(5//7 au lieu de 6//6); ou le maintien de l'accent sixième par accentuation artificielle de l'atone de césure, selon le procédé utilisé
dans la chanson (« *Mais bientôt les prêtrEs//...* » comme on
chante :

> C'était pas la peine assurément
> De changer dE // gouvernement.

4. C'est enfin l'interdiction à la césure d'une *muette surnuméraire*, autrement dit l'interdiction du type d'apocope utilisé
en fin de vers (*cf.* p. 62), la liaison des hémistiches imposant,
dans le passage de l'un à l'autre, un rigoureux compte syllabique.
Racine n'eût point écrit :

> * On peut encor vous rendr(e)// ce fils que vous pleurez.

Un déplacement de mot, une fois de plus, assure par l'élision
l'élimination de la syllabe parasite et un exact ajustement des
hémistiches :

> On peut vous rendr(e) encor // ce fils que vous pleurez.

Autant de règles notoires et qui semblent aller de soi. L'impression d'insolite créée par les variantes imaginaires de Racine,
que nous avons empruntées ci-dessus au classique traité de
Quicherat, peut sans doute en témoigner. Mais il n'en est ainsi
que par les effets d'une exigeante esthétique de la raison, laquelle
ajoute à la fonction de séparation rythmique qui est essentiellement celle de la césure une fonction de séparation logique fondée
sur des distributions correspondantes d'accents, de syllabes et de
mots. Or la liaison de ces deux fonctions n'est pas une liaison
nécessaire, comme l'atteste l'existence d'autres formes de la
césure, pour la pratique desquelles les libertés modernes retrouvent — retour aux sources ou refus de la rigueur ? — les souplesses
et les facilités des temps anciens.

La césure peut n'avoir *que sa fonction rythmique*. C'est ce qui
s'est produit aux origines, lorsque, appuyé par le chant ou par
une récitation psalmodique, le vers séparait de façon nette et
uniforme ses hémistiches, sans tenir nécessairement compte de la
distribution des mots. Et ce sont les particularités de scansion

qui en résultaient qu'ont précisément éliminées les normalisa-tions, ci-dessus mentionnées, des XVIᵉ et XVIIᵉ siècles :

1. *La césure à l'intérieur du mot,* telle qu'on la rencontre dans les *Hymnes* des auteurs latins chrétiens :

> Dies irae // dies illa!
> [................]
> Confutatis // maledictis,
> Flammis acri//bus addictis, [1]

(octosyllabes uniformément césurés 4//4; le troisième vers cité a sa césure à l'intérieur d'un mot); et telle que George Lote la trouve en ancien français [2] :

> Fin cuers ne se doit re//pentir de bien amer.

2. *La césure devant* e *caduc non élidé*, dite traditionnellement *césure enjambante* (*cf.* p. 146) :

> Par sainte égli//se christianissime.　　　　　　　J. MAROT

(décasyllabe 4//6, syllabe finale de *église* renvoyée au second hémistiche);

3. *La césure après* e *atone non élidé*, dite, à cause de son emploi dans le lyrisme médiéval, *césure lyrique :*

> Dame du ciel,// régente terrienne,
> Emperiere // des infernaux palus,　　　　　　　VILLON

(en principe même rythme 4//6 pour le deuxième vers que pour le premier; césure après *e* atone final prosodiquement compté; la question reste posée de savoir si le rythme régulier se main-tient au prix d'une accentuation artificielle de cette atone natu-relle — *emperierE* (?) — ou si l'équilibre accentuel s'assouplit, la tonique naturelle anticipant d'une syllabe sur le moment prévu).

4. *La césure sur muette apocopée*, dite, à cause de sa fréquence dans l'épopée médiévale, *césure épique* (*cf.* p. 60) :

> Sur l'erbe vert(e) // vit gésir son nevold
> 　　　　　'vit son neveu gisant'　　　　　　　*Roland*

1. ‹ Jour de colère que ce jour-là! [...] Quand les maudits seront confondus, livrés aux flammes âpres,... › (trad. F. Deloffre, *op. cit.*, p. 36).
2. G. LOTE, *op. cit.*, I, 1, p. 183.

(décasyllabe 4//6; forte séparation des hémistiches; apocope de la muette cinquième).

Or ces licences, absentes du vers traditionnel, même revu et assoupli par les réformes romantique et post-romantique, se retrouvent chez les modernes, certaines à partir de Verlaine, et se développent dans le vers du XXe siècle. Ce n'est pas, on s'en doute, par un retour au vers chanté ou psalmodié. C'est — paradoxalement chez ces novateurs — par un abandon si spontané aux automatismes rythmiques du vers régulier à césure fixe que, quand ils y reviennent en quittant le vers libre, ils le pratiquent comme au Moyen âge, sans souci constant de l'exacte adaptation du texte au système du mètre qui lui sert de support. Tout se passe comme si ce système devait se suffire à lui-même, ainsi qu'il en allait autrefois. Si bien que les licences modernes à la césure peuvent apparaître, de façon assez piquante, non comme une négation de son principe, mais, puisqu'il n'est même pas besoin des précautions classiques pour en assurer la marque, comme un acte de foi dans ses vertus.

1. *La césure à l'intérieur du mot* est pratiquée par Verlaine, quand il souligne un terme central par quelque accent de ferveur, comme une analyse sensible aux nuances le montre bien[1] :

> Et béni signal d'es//pérance et de refuge,

Le glissement au ternaire, qui peut s'imposer ailleurs, affaiblirait ici la résonance du mot : l'accentuation oratoire garde au vers sa structure binaire. La césure à l'intérieur du mot est pratiquée aussi par Aragon, quand il se laisse aller aux rythmes préétablis sans ajuster trop précisément le partage des mots à celui des hémistiches :

> Où comme j'ai dansé // petit tu danseras
> Sur une partiti//on d'orchestre inhumaine

Le premier des deux vers a donné normalement le rythme de cet instant du poème; le second le suit; et la diérèse, souvent provocante chez Aragon (*radi-o, idi-ot*), appuie de son académisme

---

1. H. Morier dans *Le Vers français au XXe siècle*, p. 101.

le caractère mécanique de la scansion. Il faut se méfier parfois des tentations de la facilité qui seraient de considérer tout uniment le vers de Verlaine comme un ternaire, le vers d'Aragon comme un vers désarticulé ou manqué : les choses ne sont pas si simples.

2. *La césure enjambante,* déjà retrouvée par les symbolistes, se rencontre chez Apollinaire (*cf.* p. 146) :

> Suivaient une roulo//tte traînée par un âne

et l'écart qu'elle constitue, soit par rapport à une norme usuelle, soit par rapport au contexte, prend évidemment valeur de style. Éluard en use, pour infléchir un instant la ligne du vers régulier :

> Avec tes yeux je chan//ge comme avec les lunes
> Et je suis tour à tour // et de plomb et de plume

Elle fait partie des facilités de Jammes :

> Avec des feu//illes grandes comme l'ongle.

aussi bien que des virtuosités de Cocteau :

> J'ai entendu descen//dre des faubourgs du ciel,

On peut la considérer comme une constante du vers régulier « libéré » qu'emploie la poésie moderne à côté du vers libre.

3. Une forme moderne de la *césure lyrique* est attestée par la diction du poète lui-même, lorsque Verhaeren, enregistrant son *Passeur d'eau*[1], garde la structure du décasyllabe tout en y déplaçant l'accent d'hémistiche :

> D'un coup brUsque,// le gouvernail cassa,

(4//6, mais avec accent troisième; effet par anticipation de l'accent sur la césure; l'*e* final d'hémistiche n'est pas accentué comme il pourrait l'être en métrique chantée — *cf.* p. 152 —, mais il garde une existence prosodique nette avant la césure). La césure lyrique moderne, comme la césure intérieure de mot, est souvent sans doute affaire d'interprétation, et rien ne la signale formellement

---

1. Musée du geste et de la parole, Paris.

à l'attention du lecteur. Cependant des expériences comme la précédente, des ponctuations significatives — *cf.* l'exemple même de Verhaeren avec virgule à la césure —, des détails de sens ou de style évidents (mouvement de rupture, détachement d'un mot) ou simplement le rythme donné par un contexte en montrent la réalité. C'est elle qui éclaire, par le contretemps introduit dans ce rythme, un tableau sonore de Vielé-Griffin :

> Et le peuple acclAme // du faîte des murailles

un croquis de Cocteau :

> Sur le belvédÈre // des villes que l'on voit

une vision de La Tour du Pin :

> Les enfants sauvAges,// fuyant vers d'autres cieux,

Insolite, voire choquante, elle s'accompagne toujours d'un effet. C'est une raison de plus pour la reconnaître, la faire sentir à la lecture, en démonter le mécanisme à l'analyse et, s'il y a lieu, en marquer les valeurs.

4. *La césure épique* enfin a depuis longtemps recouvré droit de cité dans le vers moderne. C'est d'abord par le jeu d'une tendance constante aux amuïssements naturels du langage vivant (*cf.* p. 68) :

> N'est-ce pas le silenc(e)// qui chante avec son cœur?   P. FORT

Ce peut être par l'entraînement d'un rythme et d'une prosodie contextuels :

> Dessinant l'horizon // faisant tourner les ombres
> Qui limitent le mond(e)// quand j'ai les yeux baissés   ÉLUARD

(entraînements : rythmique, de l'alexandrin régulier; prosodique, de l'apocope finale du premier vers). L'appel tentant du mètre familier à retrouver par des moyens aisés y a certainement sa part :

> Je flambe dans ces flamm(es)// ô belle Loreley
> Qu'un autre te condamn(e)// tu m'as ensorcelé   APOLLINAIRE

comme aussi la recherche, jusque dans le vers même, de quelque évangélique simplicité :

Ainsi peut-elle croir(e), // petite paysanne, JAMMES

Mais aussi un poète attentif aux sensations phoniques a pu apprécier les possibilités associatives que lui fournissaient, selon l'occasion, le creux de l'apocope, la consonne en suspens, l'abrègement prosodique, les suites consonantiques, et faire de la césure épique, outre une licence métrique, un élément d'harmonie ou un procédé figuratif. Il serait ici aussi dangereux qu'ailleurs, et aussi sot, de prêter impavidement telle ou telle intention au poète. Mais il n'est pas interdit de se laisser aller aux impressions du poème lui-même, et, à défaut d'une stylistique, toujours douteuse, des intentions, d'en intégrer éventuellement la conscience à une stylistique des effets.

Et l'on touche là au double caractère que prend la restauration de ces licences anciennes. Faits de technique, elles relèvent d'abord d'une interprétation et d'une analyse *métriques*. Elles attestent, au sein même des révolutions modernes, la force d'attraction des structures traditionnelles, puisque ce sont ces structures qu'au prix de quelques adaptations — empruntées consciemment ou non aux formes anciennes — elles tendent à perpétuer. Mais en même temps éléments d'option, puisque déviations par rapport à une norme classique demeurée vivante, elles deviennent faits *stylistiques* par la conscience de l'écart. C'est donc dans une double perspective qu'il faut, semble-t-il, les considérer : leur valeur métrique reste permanente; leur valeur stylistique, sensible par l'effet des habitudes, d'une culture ou des contextes, est, quand elle apparaît, un don par surcroît.

Variations modernes

L'importance, dans la conscience métrique, de la césure — c'est-à-dire, quelle qu'en soit la marque, de la séparation du vers en hémistiches, condition d'établissement d'une structure binaire — est attestée par plusieurs des variations qui caractérisent le vers moderne. Celles-ci peuvent ainsi se résumer : résurgence

de la césure au travers des changements de rythme; virtualité
de la césure derrière les démontages ou montages rythmiques en
quoi consiste une part de la technique soit du vers libre, soit du
verset; recours enfin à la césure comme ultime moyen de percevoir
l'existence du vers quand celui-ci, à la limite, touche au degré
zéro du rythme.

RÉSURGENCE DE LA CÉSURE

C'est une des caractéristiques du vers que les théoriciens de la
fin du XIXᵉ siècle ont appelé *libéré*, c'est-à-dire — si l'on veut faire
une synthèse simple de conceptions diverses, mais au fond comparables — d'un vers de mètre traditionnel (ex. : « alexandrin
libéré »), mais de formule assouplie par une prosodie variable,
un large usage des discordances, et des changements de rythme
fréquents (du binaire au ternaire notamment).

Or il est curieux de noter que, précisément lors de ces changements de rythme, il se produit, dans certains types de ternaires,
un regroupement de deux mesures qui se traduit par un retour
au type binaire, c'est-à-dire césuré et articulé sur deux hémistiches.
Ainsi une formule d'alexandrin libéré ternaire 5//4//3 par exemple,
en laissant par la distribution des mots et des syntagmes regrouper
ses deux dernières mesures, donne lieu à la création d'un nouveau
type libéré 5//7, *binaire asymétrique césuré*, qui, par le caractère
familier des nombres syllabiques de ses hémistiches, devient
à son tour un type libéré courant.

Le processus apparaît assez nettement dans une suite comme
celle-ci :

> Roses de Damas, pourpres roses, blanches roses,
> Où sont vos parfums, vos pétales éclatants ?   MORÉAS

Le premier vers a un schéma de base ternaire : 5//3//4 ou 5//4//3 [1].
Mais le parallélisme de ses deux derniers membres tend à faire

---

1. Selon que l'on place la deuxième coupe principale du ternaire avant ou après
la syllabe en *e* atone :

... // pourpres roses, // blanches roses,

ou : ... // pourpres ro//ses, blanches roses.

d'eux une unité stylistique, et donc un hémistiche aux éléments regroupés; une tentation apparaît : cèlle de retrouver une césure à partage binaire, déplacée par rapport à la césure médiane ordinaire, mais non moins sensible; le rythme néanmoins reste encore flottant, ternaire ou binaire à regroupement : la césure nouvelle est à l'état latent. Elle affirme son existence dans le second vers, où le regroupement des deuxième et troisième membres du ternaire procède non plus d'une interprétation stylistique, mais de la cohésion d'un syntagme unifié (*vos pétales éclatants*). Un type original d'alexandrin libéré prend forme, le binaire asymétrique :

> Où sont / vos parfums //, vos péta/les éclatants ?

dans lequel une césure retrouve sa fonction de partage du vers en deux hémistiches, ceux-ci liés non plus par une égalité arithmétique, mais par le rapport, lui aussi sensible, de deux constituants métriques familiers (5//7). Si familiers que peut s'effacer jusqu'à l'éventualité du système ternaire d'où est sorti ce nouveau système binaire à césure déplacée. Les deux sont en concurrence dans le premier vers de Moréas; le binaire l'emporte dans le deuxième vers, mais le ternaire y reste à l'état de vestige ou de virtualité, toujours susceptible de remise en acte :

> Où sont vos parfums, ¦¦ vos péta ¦¦ les éclatants ?

Et, dernier stade de l'évolution, le binaire asymétrique représente le seul système possible dans ce 5//7 de Péguy :

> Et Dieu a eu peur // d'avoir à les condamner.

comme dans ce 7//5 d'Henri de Régnier :

> Elles s'accumuleront // au sable égrené.

L'instinct binaire dont la césure est l'expression, aidé par les regroupements possibles du style et de la grammaire, a fait ici créer, à partir des systèmes ternaires, une formule rythmique nouvelle. De celle-ci les analyses littéraires peuvent commenter l'expressivité; mais l'observation métrique en interprétera d'abord le dégagement comme une résurgence décalée de la césure et de l'hémistiche au sein même de structures dont il semblait d'abord (*cf.* p. 133) qu'elles dussent les annuler.

VIRTUALITÉ DE LA CÉSURE

Elle apparaît dans deux sortes de vers modernes, que l'on peut appeler respectivement vers *démontés* et vers *emboîtés*.

On a vu des exemples de démontage des vers p. 144. Le procédé, caractéristique de certaines techniques d'Apollinaire, de Reverdy, d'Éluard, consiste dans le détachement, à la ligne, des composantes sensibles (mesures ou hémistiches) d'un système bien connu (décasyllabe, alexandrin), de telle sorte que chacune de ces composantes ainsi isolée prenne le poids d'un vers entier sans que se perde pour autant la conscience du système d'ensemble dans lequel elles s'intègrent. Le poète joue alors sur un double éclairage du discours, par le sentiment simultané de l'autonomie des parties et de leur dépendance par rapport à un tout.

La conscience que l'on peut avoir de cette technique de démontage du vers n'est pas que l'effet d'impressions de lecture subjectives ou conditionnées par l'habitude. Le serait-elle d'ailleurs qu'elle serait déjà digne d'attention comme mode de perception de l'énoncé dont il faudrait tenir compte. Mais il y a plus. C'est le poète lui-même qui nous invite à garder présent le sens des groupements d'ensemble au sein même de la décomposition du vers en ses éléments :

— soit par un travail notoire de dédoublement, comme celui du *Pont Mirabeau* :

> Et nos amours
> Faut-il qu'il m'en souvienne

(primitivement décasyllabe 4//6, ultérieurement séparation en deux vers);

— soit par un jeu de correspondances sonores (rime ou autre) qui provoquent la réalisation des groupements potentiels par delà les découpages apparents :

> Le vent passe en chantant
> Et les arbres frissonnent

Les animaux sont morts
Il n'y a plus personne REVERDY

(quatre hexasyllabes, mais virtuellement groupés par la rime en deux alexandrins);
— soit par l'indication du système d'ensemble avant son démontage :

C'est vous qui arrêtiez ce magnifique élan
L'espoir et mon orgueil
Qui passaient dans le vent REVERDY

— soit par la reconstitution de ce système à partir de ses éléments d'abord isolés :

1. Amour des fantaisies permises
2.   Du soleil
3.   Des citrons
4. Du mimosa léger

5. Clarté des moyens employés
6.   Vitre claire
7.   Patience
8. Et vase à transpercer

9. Du soleil des citrons du mimosa léger
[...] ÉLUARD

(système alexandrin d'abord virtuel à travers ses mesures détachées — n° 2 et 3 —, puis précisé par la construction de l'hémistiche — n° 4 —; appel métrique renouvelé par la reprise du même mouvement sur termes différents — n° 6, 7, 8 —; enfin confirmation de l'existence du système par son intégrale reconstitution, et sur mêmes termes qu'au départ, preuve de sa permanence).

Or il est très remarquable que, dans les énoncés de ce type, ce qui donne le sentiment du système d'ensemble superposé aux découpages de détail, ce soit la conscience du groupement possible des éléments du discours en hémistiches correspondants, autrement dit *la virtualité d'une césure*, axe et pivot de la structure globale dans laquelle ces éléments viennent s'ordonner :

* Et nos amours // Faut-il qu'il m'en souvienne
* Du soleil Des citrons //Du mimosa léger

Au point que le démontage du vers, lorsqu'il se produit, se fait le plus souvent par hémistiches (exemples ci-dessus d'Apollinaire et de Reverdy); que, quand il se fait par mesures, l'hémistiche apparaît presque immédiatement pour orienter les regroupements (exemple d'Éluard); et que, quand d'autres découpages interviennent, ils font l'effet de procédés de discordance, tant le sentiment de la distribution par hémistiches de part et d'autre d'une césure virtuelle demeure impérieusement présent — comme on peut le voir par maint démontage de présentation :

> Les animaux sont morts
> Il n'y a plus personne
> Regarde
> Les étoiles ont cessé de briller   REVERDY

que la lecture, tout en le prenant tel quel, interprète en même temps par groupements d'hémistiches :

> * Les animaux sont morts // Il n'y a plus personne
> Regarde Les étoil(es) // ont cessé de briller
> contre-rejet

attestant la force de la césure comme principe de reconstitution du mètre décomposé.

Il en va de même pour les *vers emboîtés*. Il s'agit là de larges ensembles métriques prenant la forme du *verset*, c'est-à-dire trop longs pour constituer par eux-mêmes des structures métriques globalement sensibles. Comme tous les versets, ils ne deviennent métriques que par segmentation, en se scindant en plusieurs vers de formule immédiatement perceptible (*cf.* p. 27). Mais ce qui les caractérise par rapport aux autres versets métriques, c'est que les vers qui les constituent ont un hémistiche commun, leur donnant ainsi par emboîtement comme deux structures partiellement confondues; tel ce verset d'Apollinaire :

> Et des oiseaux protègent de leurs ailes ma face et le soleil

qui se décompose métriquement en un décasyllabe :

Et des oiseaux // protègent de leurs ailes

et un alexandrin à césure épique :

Protègent de leurs ail(es)// ma face et le soleil

avec hémistiche commun sur lequel se fait l'emboîtement des deux systèmes; ou celui-là de Saint-John Perse :

Sœurs des guerriers d'Assur furent les hautes Pluies en marche sur la terre :

qui se décompose, plus sensiblement encore, en deux alexandrins emboîtés :

Sœurs des guerriers d'Assur furent les hautes Pluies
furent les hautes Pluies en marche
sur la terre

Et là encore on peut observer que la possibilité de segmentation ordonnée, qui assure l'assise métrique de ces versets, est due à la perception de leurs sous-ensembles rythmiques comme des hémistiches de vers connus (sous-ensembles de 4 et de 6 pour le décasyllabe, de 6 et de 6 pour l'alexandrin); c'est-à-dire, une fois de plus, *à la tentation de retrouver une césure* de part et d'autre de laquelle ils puissent se distribuer, tentation qui atteste, dans la conscience poétique, l'importance de cette césure même, sentie comme condition du mètre à restituer.

La césure, moyen de recours

Dans la poésie symboliste et post-symboliste s'est développé l'emploi d'un vers consciemment dérythmé, simple cadre syllabique au nombre familier (12 la plupart du temps), mais aux rapports rythmiques indiscernables. Devant cette forme, tout essai de lecture métrique nette demeure vain, qu'il se fasse par maintien d'une structure fixe avec discordance interne ou par changement de structure (de la binaire symétrique à la binaire asymétrique ou de la binaire aux différents types de ternaire). Ainsi se réalise l'hypothèse formée par Albert Samain

De vers silencieux, et sans rythme et sans trame,

où l'on sent, selon l'occasion, tantôt se diluer la rêverie symboliste, tantôt la poésie s'aplatir un instant en prose, tantôt grincer l'ironie de quelque consciente banalité. Et l'on est alors partagé entre deux tentations : celle de se livrer au pur égrènement des syllabes, sans souci des rapports d'accents, et celle de garder, fût-ce artificiellement, un semblant de rythme, par le rétablissement d'une structure accordée au contexte et propre à maintenir l'organisation poétique du discours.

Or l'expérience prouve que, quand la seconde l'emporte, c'est par recours à la césure, moyen dernier du rythme qui répugne à se perdre. Sous quelque forme qu'elle se manifeste, appui, arrêt, dépression ou renforcement (*cf.* p. 149), c'est la césure qui, au moins ébauchée, tend à rétablir l'équilibre d'une suite inorganique :

> Avec des particu ¦¦ larités curieuses.   VERLAINE

à maintenir le mouvement donné et poursuivi par un contexte

> Ah la valse commence // et le danseur selon
> La coutume achète aux ¦¦ camelots bruns des broches
> Mais chante cette fois // la fille à Madelon
> J'ai quarante ans passés // Leurs vingt ans me sont proches
>   ARAGON

ou simplement à conserver la trace de quelque tenue lyrique à un énoncé qui se laisse aller au relâchement :

> Tu n'es plus là.// J'ai lu Delille // et l'Annuaire
> Des Téléphones, pour ¦¦ ne plus songer à tes
> Sanglots [...]   DERÈME

Cette césure semi-mécanique, présente par rappel, habitude ou instinct, marquée d'une touche à peine sensible, peut au surplus n'être pas sans qualité expressive. Ici elle souligne une construction insolite et dégage une métaphore, par un effet voisin de celui de la discordance interne :

> Sinon d'épandre pour ¦¦ baume antique le temps   MALLARMÉ

Là elle donne lieu à une attaque de second hémistiche sur accent oratoire de jugement affectif (césure consonantique verlainienne, *cf.* p. 149) :

> Et tout le cirque des ¦¦ Civilisations VERLAINE

Ailleurs elle fait ressortir, par son artifice même, l'humble platitude d'un propos :

> A te suivre jusqu'à ¦¦ ce que tu te retournes, LAFORGUE

l'ironie d'une intonation contrefaite :

> C'est la guimpe qui dit,// même aux trois quarts meurtrie :
> « Ah! pas de ces fami ¦¦ liarités, je vous prie... » LAFORGUE

la chute prosaïque d'une conclusion :

> Interroge l'éther // qui lui donne pour reste
> Les petites piiu ¦¦ les Carter pour le foie ARAGON

(une citation de publicité radiophonique comme pointe finale d'un sonnet). Toujours au reste elle est un fait de style par la conscience qu'elle donne d'un double écart : écart poétique par l'affaissement rythmique auquel elle s'oppose; écart linguistique par le caractère nécessairement forcé de cette opposition. Mais d'abord, dans l'ordre métrique, ce procédé de dernier recours montre le point extrême au-delà duquel cesse la perception du vers comme ensemble organique, et que, toutes structures naturelles abolies, c'est encore une fois le sentiment de la césure à observer qui le fournit. Si celle-ci peut se marquer, fût-ce, au besoin, au prix de quelque abus, le vers subsiste; sinon, il se dissout.

Les coupes

Comme la césure marque le point de séparation des hémistiches, de même *la coupe marque le point de séparation des mesures.* Selon la tradition de l'analyse métrique, elle est notée par une barre, qui, indiquant la limite des mesures, rend immédiatement sensible le nombre des syllabes dont chacune est composée, et, par voie de conséquence, les rapports de ces nombres, sur lesquels se fonde le rythme de détail du vers (*cf.* p. 14) :

C'est le dieu/ des volcans // et le roi/ des hivers!   NERVAL
   3   3   3   3

A la différence de la césure, qui, dans certains systèmes, est à place fixe (le système classique par exemple, *cf.* p. 141), la coupe est toujours à place libre. Et c'est cette variété qui fait celle du rythme du vers; soit que, dans le vers régulier, les coupes mobiles se combinent aux césures fixes pour diversifier la structure interne des hémistiches au sein de l'identique structure globale du mètre :

De cette nuit,/ Phénice,// as-tu vu/ la splendeur?
     4   2   3   3
        6   6

Tes yeux/ ne sont-ils pas // tous pleins/ de sa grandeur ?
  2   4   2   4
     6   6   RACINE

Je veux dormir!// dormir/ plutôt que vivre!
           2   4
   4   6

Dans un sommeil // aussi doux/ que la mort,
         3   3
   4   6   BAUDELAIRE

soit que, dans le vers libre, elles découpent la matière verbale sans patron préétabli, le mètre se recréant de vers en vers selon les rapports des groupes qu'elles délimitent et des hémistiches que ces groupes en se combinant peuvent composer :

La prenant/ à témoin // est-ce ta main/ qui jure
   3   3   4   2
     6   6

De recevoir/ la moindre ondée // et d'en accepter/le déluge
  4   4   5   3
    8   8

Sans l'om/bre d'un éclair/ passé
  2   4   2

Est-ce ta main/ ce souvenir // foudroyant/ au soleil
   4   4   3   3
   ‾‾‾‾‾‾‾‾‾‾‾‾‾‾‾‾   ‾‾‾‾‾‾‾‾‾‾‾‾‾
        8   6   ÉLUARD

Dans les structures binaires à éléments simples, la coupe unique prend valeur de césure, et chaque mesure valeur d'hémistiche :

Des blancs ruisseaux // de Chanaan
     4   4   APOLLINAIRE

Dans les structures binaires à éléments composés, les mesures séparées par les coupes se regroupent en deux sous-ensembles correspondants, et ce sont ces deux sous-ensembles qui constituent les hémistiches, la coupe qui les sépare devenant alors césure :

Je n'ai pu / que vous donner // votre courage/ et les larmes,
   3   4   4   3
   ‾‾‾‾‾‾‾‾‾‾‾‾‾‾‾   ‾‾‾‾‾‾‾‾‾‾‾‾‾
         7   7
                                         SUPERVIELLE

Dans les structures ternaires à éléments simples, les coupes séparent les trois groupes constituants :

Un mort / s'en allait / tristement
  2   3   3   LA FONTAINE

Dans les structures ternaires à éléments composés, ces groupes deviennent eux-mêmes des sous-ensembles, et la hiérarchie des coupes se marque comme celle qui différencie la césure des coupes internes d'hémistiche :

Il fut/ héros,// il fut/ géant,// il fut/ génie;
  2   2   2   2   2   2
  ‾‾‾‾‾‾‾   ‾‾‾‾‾‾‾   ‾‾‾‾‾‾‾
    4   4   4   HUGO

Qu'on ne se méprenne pas cependant. Parler de la fonction métrique ou rythmique de la coupe serait un abus de langage. Cette fonction, c'est l'accent qui l'exerce (*cf.* p. 14), et c'est lui qui constitue, dans l'ordre du rythme, la vraie réalité. La coupe signale la place de l'accent rythmique en indiquant que la mesure se termine avec la syllabe qui le porte. Elle est donc toujours liée à cet accent et se place, sauf cas spéciaux à voir plus loin (*cf.* p. 172), immédiatement après lui. *La coupe ne se conçoit pas indépendamment de l'accent*, et cela pose le problème de sa nature.

Nature de la coupe

Au vrai, la coupe n'a pas de réalité concrète. Phonétiquement, elle n'existe pas. Il existe des pauses, des silences, de simples interruptions de la chaîne verbale, amenés par le sens, la syntaxe, la ponctuation ou par l'interprétation personnelle. Ils sont en relation avec le rythme s'ils interviennent après des accents rythmiques, et ils peuvent alors le renforcer en soulignant la tombée des accents et le partage des mesures qui s'ensuit. Mais silences, pauses ou arrêts n'entrent pas par eux-mêmes dans la constitution du rythme. Ils en sont les adjuvants éventuels, non les composants.

Il serait donc inexact de dire que les coupes *sont* des silences ou des arrêts séparant les mesures. S'il y a silence après l'accent, il renforce la coupe; s'il n'y a pas de silence, la coupe n'est pas supprimée pour autant. Dans ce vers de Racine :

Je le vis,/ je rougis,// je pâlis / à sa vue;

les virgules de l'énumération se réalisent phonétiquement en arrêts ou silences : les coupes correspondantes (la seconde convertie en césure) s'en trouvent soulignées. Mais il n'y a pas d'arrêt après *pâlis*, comme l'atteste en diction convenable la consonne de liaison; il y a néanmoins coupe et séparation entre une troisième et une quatrième mesure parce qu'il y a un accent rythmique sur la deuxième syllabe de *pâlis :* coupe sans silence. De même, dans le premier de ces vers de Hugo :

L'empereur,/ c'est la règle;// et, bref,/ la loi salique
    A   B   C   D
Très mauvaise à Menton, est très bonne à Final.

la ponctuation graphique se réalise encore en silences. Mais, si ceux-ci correspondent à des coupes en *A*, *B* et *D* parce qu'ils suivent des accents rythmiques, le léger arrêt de *C*, à pure fonction grammaticale, sans accent rythmique sur *et*, ne détermine pas de coupe dans la structure du second hémistiche : silence sans coupe. Les silences sont donc affaire de grammaire, de sens, éventuellement d'interprétation. Ils ne sont pas affaire métrique.

La coupe est affaire métrique, mais purement abstraite. Ce n'est rien d'autre que la ligne idéale de séparation des mesures créées par la répartition équilibrée des accents. Tantôt la coupe coïncide avec un silence, tantôt non. Ce n'est pas le silence qui la produit, c'est l'accent, et elle n'a pas de réalité autre que celle de cet accent lui-même. C'est une commodité d'analyse, rien de plus.

Modalités de la coupe

Quelques problèmes se posent néanmoins pour ce qui regarde l'indication de sa place, et il ne suffit pas de dire qu'elle tombe immédiatement après l'accent. Les conventions de l'analyse métrique, ici, sont parfois même trompeuses. Il importe de les expliquer et d'en fixer l'usage adéquat.

Coupe sur séparation de mots

C'est celle qui se trouve entre voyelle et consonne (type *a* ci-dessous) ou entre consonne finale prononcée et consonne initiale du mot suivant (type *b*) :

> Jeté / par l'ouragan //dans l'éther / sans oiseau,   RIMBAUD
>   *a*   *b*

Ici les conventions de l'analyse métrique sont conformes à la réalité phonétique. La séparation syllabique entre la voyelle (phonème à fin décroissante) et la consonne initiale suivante (phonème croissant) ou entre la consonne finale (décroissante) et la consonne initiale (croissante) ne pose pas de problème (*cf.* théorie de la syllabe, p. 33). La coupe indiquée est à sa place réelle.

Elle l'est de même dans le cas de l'apocope (coupe *épique*, p. 68) qui, par l'annulation prosodique de la muette finale de mesure, nous ramène au type *b* précédent, comme on le voit au point *c* ci-dessous :

> Et mêm(e)/ la fleur de lys //qui meurt/ au Vatican
> c   APOLLINAIRE

Elle l'est encore en cas d'hiatus (voyelle + voyelle), la séparation syllabique s'y faisant clairement entre la fin (décroissante) de la première et le point initial de réalisation stable de la seconde (type *d* suivant) :

> Dans l'obscurité/ qui fait loi// dès que la peau/ est franchie
>   d
>   SUPERVIELLE

Coupe sur enchaînement de mots

Les conventions sont d'une valeur phonétique plus incertaine en cas d'*élision* ou de *liaison*.

Elles correspondent à la réalité quand elles s'appliquent à l'élision après voyelle (type *e* ci-dessous), car on se trouve alors ramené au cas de l'hiatus :

> Jugez/ de quelle horreur// cette joi(e)/ est suivie.   RACINE
>   e

Elles demandent explication dans le cas de l'élision après consonne. Il est évident en effet qu'en diction ordinaire les coupes réelles de ce vers de Valéry devraient être ainsi figurées :

> J'y trou/v(e)-un tel trésor// d'impuissan/c(e)-et d'orgueil,

le propre de l'élision après une consonne étant de faire de celle-ci le phonème initial de la syllabe qui suit. Mais on voit assez, pour la lecture même, la difficulté de déchiffrement d'une telle scansion. C'est pourquoi, conventionnellement, on place ici, selon la tradition de l'analyse, l'indication des coupes dans les blancs séparant les mots (type f suivant) :

> J'y trouve/ un tel trésor// d'impuissance/ et d'orgueil,
> f f

La rigueur de représentation y perd; mais la facilité de lecture y gagne. Et, comme la stricte délimitation des syllabes est de moindre importance dans l'analyse rythmique que leurs nombres et leurs rapports, on peut s'accommoder sans inconvénient grave de ce léger gauchissement. Il n'est que de le prendre pour ce qu'il est : une convention pratique, et non une exacte figuration.

Il en va de même dans le cas de la liaison. Dans un vers ainsi scandé :

> Les cieux/ ultramarins// aux ardents/ entonnoirs.
> g g RIMBAUD

les coupes marquées aux points g faussent partiellement la diction réelle, qui fait de la consonne de liaison le phonème initial de la mesure suivante. Là encore les conventions de l'analyse sacrifient la réalité phonétique à la commodité visuelle que constitue la distinction des mots. On les adoptera comme les précédentes, en en sachant le caractère approximatif.

Coupe sur accent de suppléance

On a vu (pp. 138 *sq.*) les problèmes que posait l'existence dans le vers des hémistiches monogroupes et la solution qui leur était apportée par l'intervention d'un accent de suppléance, contre-tonique ou oratoire. Cet accent, dès lors qu'il prend valeur rythmique, sépare en deux mesures l'élément monogroupe originel *(majestueu/sement,... de son exac/titude)* et par conséquent détermine la présence d'une coupe entre ces mesures. On observera seulement, en considérant les exemples analysés pour définir les différents types possibles d'accents de suppléance, qu'à la différence des coupes ordinaires la coupe ainsi déterminée (aux points *h* ci-dessous) :

1) peut se placer dans le corps même d'un mot :

> Et qu'on était/ content// de son exac/titude,
>   *h*

2) peut, en cas de suppléance rythmique par accentuation consonantique affective, se trouver non, comme d'habitude, *après* l'accent qui la détermine, mais *avant* lui :

> Dans les en/Voûtements // et les a/CHarnements,
>   *h*   *h*

Ces deux caractères d'exception font la spécificité, et parfois, dans l'analyse, la difficulté de maniement de cette sorte de coupe; spécificité et délicatesse d'emploi naturellement liées à celles de l'accent de suppléance, aux aléas de sa reconnaissance et aux particularités de ses applications.

Coupe sur *e* atone

Une question se pose dans le cas des syllabes atones en fin de mesure, c'est-à-dire dans celui des groupes rythmiques se terminant par un *e* (muet dans la diction commune) compté avec valeur syllabique en prosodie traditionnelle.

COUPE ENJAMBANTE

Soit ce vers de Nerval :

> La connais-tU, DafnÉ, cette anciEnne romANce,

Accentuation sans problèmes, sur les voyelles marquées en capitales. Coupes après *tu*, après *Dafné* (celle-ci convertie en césure) : pas de difficulté jusque-là. Difficulté pour *ancienne*. Coupe avant la syllabe -*nne* (donc à l'intérieur du mot), comme le demande la phonétique — puisqu'en diction ordinaire la coupe tombe juste après l'accent ? Ou coupe après la fin du mot, comme le suggère le lexique — pour ne pas partager le mot entre deux mesures ? La chose est de plus de conséquence que dans le cas des conventions admises pour l'élision ou la liaison, car il s'agit ici de compter une syllabe dans une mesure ou dans l'autre, ce qui change le mouvement d'ensemble de l'hémistiche, et même, très concrètement, les proportions numériques sur lesquelles son rythme s'établit. Des recherches expérimentales sur diction réelle comme celles d'Henri Morier peuvent ici guider notre analyse [1]. Les conclusions en sont devenues classiques. On proposera de les interpréter et de les exploiter pratiquement comme suit.

Il apparaît aux expériences de diction que l'*e* atone final de mot ou de groupe (ici l'*e* final de *ancienne*) est régulièrement plus bref que la voyelle suivante (en l'occurrence l'*o* de *romance*). Or c'est une constante de la chaîne phonique française que, dans un groupe rythmique ordinaire, et sauf accidents de diction particuliers, chaque voyelle gagne en durée au fur et à mesure qu'elle se rapproche de la tonique. L'ordonnance interne des groupes rythmiques du français se réalise donc par augmentation progressive de la durée des voyelles, donc des syllabes, qui composent ces groupes, la première étant la plus brève et la tonique finale la plus longue. La phrase avance ainsi comme par vagues de syllabes progressivement gonflées, selon un schéma du type suivant (pour *La connais-tu, Dafné,* par exemple) :

$$— \ — \ \ — \ \ \ — \ \ \ \ \ / \ — \ —$$

Et on change de groupe rythmique — autrement dit : on a une coupe — quand on passe d'une syllabe tonique (longue) à la syllabe atone (la plus brève) par laquelle débute le groupe suivant.

Ce principe, appliqué au deuxième hémistiche du·vers cité — *cett(e) ancienne romanc(e)* — permet d'en résoudre le problème. Le schéma des durées syllabiques y est celui-ci :

$$\overset{\text{nne}}{— \ — \ \ — \ / \ — \ — \ \ —}$$

Et la place de la coupe en ressort naturellement : elle est entre

1. H. MORIER, *Le Rythme du vers libre symboliste*, Genève, Presses académiques, 1943-1944, t. I, pp. 50 *sq.* ID., *Dictionnaire de poétique et de rhétorique*, Paris, P.U.F., 1975, art. « Coupe », « Enjambante », « Lyrique » « Syncope ».

la tonique (longue) qui marque la fin de la première vague (syllabe -*cie*-) et l'atone (très brève) qui marque le début de la seconde (syllabe -*nne*-). La présence d'une syllabe en *e* atone à la fin du dernier mot d'une mesure fait passer cette syllabe au début de la mesure suivante. La coupe se place exactement après l'accent et tombe une syllabe avant la fin du mot. Et le vers est coupé ainsi (type de coupe *i*) :

> La connais-tu,/ Dafné,// cette ancie/nne romance,
> > *i*

Le conflit entre unité lexicale et unité phonétique se résout au profit de celle-ci.

Par analogie avec la césure de ce type, dite « césure enjambante » (*cf.* pp. 153 et 155), cette coupe portera le nom de *coupe enjambante*. C'est la coupe ordinaire en cas de présence d'une syllabe en *e* atone à la limite de deux mesures :

> Qu'il me souvient// de la dou/ce plaisance   C. D'ORLÉANS
> > *i*

> Sur les humi/des bords// des royau/mes du vent.   LA FONTAINE
> > *i*   *i*

> Les diver/ses beautés// qui pa/rent ta jeunesse,   BAUDELAIRE
> > *i*   *i*

> Et se fer/ment les yeux// pareils/ à des pervenches   ARAGON
> > *i*

Cette tendance de la langue à procéder par vagues successives présente un aspect esthétique peut-être intéressant à noter. En effet, de cette organisation des phrases et des groupes, à peu près constante dans le discours « lié », résulte une sorte de mouvement ondulatoire, chaque groupe rythmique se formant comme dans un creux, amplifiant progressivement ses syllabes jusqu'à un maximum de volume (sur la tonique), et s'achevant avant un autre creux, à partir duquel s'enfleront les syllabes du groupe suivant; d'où la comparaison de la vague parfois utilisée à ce propos. Et le creux de cette vague est le plus net, et donc l'ondulation la plus sensible, lorsque la syllabe de départ a un volume

minimal, ce qui est le cas de la syllabe en *e* atone, produit artificiel de la diction poétique et réalité phonétique aussi discrète
que possible, compte tenu des tendances contraires de la prosodie
et du langage vivant. La conséquence en est que la coupe enjambante « creuse » le rythme, courbant la phrase en souples inflexions, enchaînant une mesure à l'autre avant même la fin du
dernier mot de la première, et assurant ainsi la liaison des groupes
en un mouvement onduleux et continu. On voit sans peine le
parti qu'en peut tirer la conscience stylistique, pour peu que le
sens se prête aux impressions correspondantes : douceur, langueur
ou harmonie, sérénité ou majesté. Et il est vraisemblable que
quelques-uns des vers traditionnellement retenus comme les
plus souplement élégants de la langue, les « *Aria/ne ma sœur...* »,
« *Souverai/ne des mers...* », « *Pâle étoi/le du soir...* », et autres
de même facture, doivent une part de l'effet qu'ils produisent
à leurs coupes enjambantes et à l'ondulation ainsi imprimée
au mouvement de la phrase, qui se creuse au passage de la syllabe
caduque pour s'enfler progressivement ensuite et reprendre
dans chaque creux un nouvel élan.

On résumera donc ces observations en disant :

1. Dans le cas d'une syllabe en *e* atone après l'accent, la coupe
enjambante est la forme de coupe commune.

2. Cette coupe peut devenir expressive par l'effet de souplesse
qui s'y attache naturellement.

Coupe lyrique

Les conclusions précédentes appellent néanmoins un complément qui leur apporte une nuance notable. La coupe enjambante est liée à l'existence du discours continu, c'est-à-dire
d'un type de phrase dont les groupes rythmiques s'enchaînent
sans interruption. Mais si le discours cesse d'être continu, si
par exemple intervient après la syllabe caduque un arrêt de sens,
marqué ou non par la ponctuation, alors l'*e* atone change de
nature, la coupe change de place et de valeur.

Soient deux phrases comparables :

Il parle sans arrêt (*syntaxe continue*),
Parle: c'est important (*syntaxe coupée*).

L'enregistrement de ces deux phrases en diction appuyée (c'est-à-dire en donnant valeur syllabique à l'*e* caduc, comme on fait en prosodie traditionnelle) indique une différence dans les réalisations de la syllabe caduque. Dans le premier cas apparaissent des faits connus : la syllabe atone finale de *parle* est plus brève que la suivante *(sans)* et les durées continuent à augmenter jusqu'à la fin du groupe, suivant le mouvement de gonflement progressif des syllabes déjà noté. La coupe est donc entre -par et -le : coupe enjambante :

$$-le$$
$$—\ ——\ /\ —\ ——\ ———\ ————$$

Dans le second cas, ordre différent. La syllabe en *e* atone n'amorce plus la progression des durées syllabiques caractéristique du mouvement de la mesure. Au lieu d'être d'une durée constamment inférieure à celle de la syllabe suivante, elle est d'une durée égale ou supérieure.

$$-le$$
$$———\ ——\ /\ —\ ——\ ——\ ————$$

La progression de la mesure commence donc non plus sur la syllabe en *e* atone, mais sur la syllabe suivante *(c'est)*. La coupe se place non avant la syllabe -*le*, mais après elle.

Par analogie avec la césure de ce type, dite « césure lyrique » (*cf.* pp. 153 et 155), cette coupe portera le nom de *coupe lyrique*. Elle se place non plus immédiatement après la syllabe accentuée, mais après la syllabe en *e* atone qui la suit (coupe de type *j*) :

Parle:/ c'est important.
j

Ce changement de coupe dépend naturellement de la grammaire et du sens. Il est lié à la phrase discontinue, ou simplement, en l'absence de toute obligation syntaxique, à un détachement expressif du mot intéressé.

La coupe lyrique est contraire aux tendances habituelles de la langue, dans la mesure où l'accent qui la précède se trouve ainsi placé sur l'avant-dernière syllabe du groupe, et non sur la dernière comme d'ordinaire. Elle s'accompagne donc d'un certain déséquilibre dans l'organisation de la chaîne syllabique. Ce déséquilibre se trouve compensé par un renforcement de l'accent, en durée, hauteur ou intensité (l'accent ici du second *Parle* est plus fort que celui du premier). La conséquence stylistique en est une mise en relief, qu'il appartient à l'analyse d'expliquer, puisque c'est un écart par rapport aux normes usuelles de la langue. Explication facile ici, par la coupure grammaticale et la force naturelle de l'impératif. Elle peut être ailleurs plus délicate quand elle tient à des effets de sens et de ton.

Un exemple caractéristique : les derniers mots du rôle d'Hermione, dans *Andromaque*. On sait la fin de la tirade célèbre :

> Adieu. Tu peux partir. Je demeure en Épire :
> Je renonce à la Grèce, à Sparte, à son empire,
> A toute ma famille; et c'est assez pour moi,
> Traître, qu'elle ait produit un monstre comme toi.

Problème d'interprétation pour le dernier vers. Si l'on observe une coupe enjambante sur *Traître (Traî/tre, qu'elle ait produit...*), on va contre la grammaire, qui détache le mot, et contre le sens et le ton, qui le projettent violemment hors de la chaîne du discours. Les règles de la phrase souple et liée doivent ici s'abolir, car leur application aveugle amollirait le vers jusqu'au contresens. La coupe lyrique (*Traître,/ qu'elle ait produit...*) est ici une nécessité et de grammaire et d'expression[1].

La solution est moins assurée dans le cas de *monstre*, où le problème se pose à nouveau. La violence du ton demeure, mais il n'y a plus de détachement grammatical, puisque le mot

---

1. Il est curieux d'ailleurs de la voir suggérée par Louis Racine interprétant ainsi le vers de son père, avec même un glissement à la scansion ternaire :
Traître, — qu'elle ait produit un monstre — comme toi.
(*Remarques sur les tragédies de Jean Racine*, Paris, Desain et Saillant, 1752, t. III, p. 239.)

est lié au complément qui le suit. Ici option possible, et les dictions des interprètes sont en effet diverses, les unes revenant à un mouvement suivi qui unifie l'hémistiche en une large clausule sur coupe enjambante *(un mons/tre comme toi)*, les autres renouvelant l'effet de violence par un second détachement sur coupe lyrique *(un monstre/comme toi)*. Affaire de nuance et d'interprétation individuelle. Mais alors, si l'on adopte la coupe lyrique, il faut, puisqu'elle n'est pas en accord avec la grammaire et qu'elle va contre les tendances de la langue, la justifier dans l'analyse par un commentaire stylistique qui en explique l'effet.

Ce vers nous fournit les deux cas usuels d'existence possible de la coupe lyrique. Dans le premier, elle est incontestable, parce que conforme à la fois à la grammaire et au sens. Dans le second, elle se discute, parce que la grammaire ne l'impose pas et qu'elle s'accompagne d'un effet qu'on peut accepter, voire souhaiter, ou non. C'est alors à l'attention de l'interprète, du lecteur ou du commentateur qu'il appartient de la motiver, s'il choisit de déroger un instant aux habitudes de langue pour marquer un effet de style. La nature de cet effet apparaît assez clairement : c'est l'inverse de celui de la coupe enjambante. Celui-ci était d'enchaînement souple et de large continuité. Celui de la coupe lyrique est un effet de heurt, de rupture, de sécheresse, de brusquerie ou de violence.

Un dernier exemple pourra illustrer cette question de la coupe sur *e* atone et expliquer les critères de choix à observer à son sujet. Henri Morier nous invite à comparer ces deux tableaux en manière de marines :

> Le rythme de la mer et des collines souples   SAMAIN

et :

> Dresse-toi sur ta grève, Océan déchaîné,
> Et crache-lui l'insulte âcre de ton écume.   VIELÉ-GRIFFIN

Problème de coupe sur *e* atone dans les deux cas *(rythme, collines* d'une part, *âcre* d'autre part). Aucune indication grammaticale sous forme de ponctuation ou de coupe syntaxique. Restent en présence les habitudes de la langue et les options du style.

Dans le premier cas, image de calme et d'harmonie, correspondance d'un mouvement et de la composition d'un paysage, lignes molles et onduleuses. Les tentations phoniques de l'enchaînement en souplesse peuvent ici trouver leur plein effet. La coupe enjambante s'impose deux fois et devient expressive par sa répétition et son accord avec le sens :

> Le ryth/me de la mer// et des colli/nes souples

Dans le deuxième cas, décor différent. Violence, heurt, attesté dans le style par le choix des mots, la couleur des métaphores, et, dans la facture du vers, par un accident rythmique : le rejet (rejet sur césure du mot *âcre*, celui-là même qui pose le problème de la coupe). Céder aux tentations de l'enchaînement par coupe enjambante serait affaiblir la rudesse du vers, en contradiction avec le sens et le style. On adoptera ici la coupe lyrique, qui, de plus, allie parfaitement son effet avec celui du rejet, en soulignant le jaillissement du mot sur lequel l'un et l'autre portent :

> Et crache-lui/ l'insulte// ÂCRE/ de ton écume.

De l'un à l'autre des deux tableaux deux types de coupes, deux mouvements, deux impressions. Mais il est bien entendu que, contraire aux habitudes de la langue, qui procède par enchaînement plutôt que par rupture, la coupe lyrique ne tire sa force que des effets de l'exception qu'elle constitue.

On reprendra donc et on complètera comme suit les conclusions proposées à propos de la coupe enjambante :

1. La coupe enjambante est la coupe normale. C'est elle qui dans l'analyse s'impose ordinairement, et la plupart du temps sans effet, donc sans commentaires :

> Ma fortu/ne va prendre// une fa/ce nouvelle.   RACINE

2. Elle peut faire effet par sa multiplication, son accord avec le sens, son alliance avec d'autres faits de valeur semblable, par exemple les inflexions de la diérèse. C'est ce qu'on voit dans le type *Aria/ne ma sœur*, où le bonheur d'une trop fameuse har-

monie tient peut-être d'abord à la convergence des effets de souplesse d'une diérèse et d'une coupe enjambante sur le même mot.

3. La coupe lyrique reste un fait d'exception. Tantôt elle est imposée par la grammaire, tantôt elle reste soumise à la seule interprétation. Par son pouvoir de détachement d'un mot elle accorde notamment ses effets avec ceux du rejet. Dans tous les cas elle est expressive, puisqu' elle est écart. Elle doit par conséquent, quand on l'adopte, être motivée dans l'interprétation et justifiée dans l'analyse.

CHAPITRE 6

Éléments harmoniques
RIME ET
STRUCTURES SONORES

Il peut être utile à la clarté de la perception comme à celle de l'analyse de distinguer ici des notions parfois confondues dans les traités et les commentaires. Ceux-ci mêlent en effet souvent les impressions liées à la nature des phonèmes (douceur, dureté, acuité, éclat, etc.) ou à leur succession (euphonie, cacophonie) — ainsi que les associations affectives plus ou moins assurées qui peuvent en résulter — avec les *structures sonores* proprement dites du vers. Il s'agit en fait de choses différentes. Les impressions auditives et les associations correspondantes, les combinaisons, rappels ou heurts de consonnes, les modulations de voyelles, la pratique ou la proscription de l'hiatus peuvent être le fait de n'importe quel énoncé : c'est affaire là de stylistique générale, non de métrique, et il paraît de bonne méthode, malgré la tradition de l'école, d'exclure du domaine proprement métrique les considérations habituelles sur l'harmonie des sons ou sur les règles de l'hiatus.

Les sonorités ne prennent valeur métrique que lorsque s'établit une relation entre leur agencement et celui des unités constitutives du discours versifié (mesures, hémistiches ou vers entiers); autrement dit lorsqu'il y a correspondance entre un certain dessin sonore et la structure interne (rapport des mesures ou des hémistiches) ou externe (rapport des mètres) qui forme le système des vers.

On sait en effet que le dessin rythmique est déterminé par des retours d'accents. De même le dessin harmonique le plus sensible est-il, dans l'ordre linguistique, déterminé par des retours de phonèmes (*assonances*, c'est-à-dire répétitions de voyelles; *allitérations*, c'est-à-dire répétitions de consonnes; *rimes*). Et c'est dans la mesure où l'on perçoit une relation entre les deux que le système des sonorités prend fonction dans la structure du vers.

Raisonnons sur ce vers de Baudelaire :

Infinis bercements du loisir embaumé!

La scansion rigoureuse, ici nécessaire pour éclairer l'organisation des groupements phoniques, sera, si l'on veut rendre compte de la diction réelle :

Infinis/ bercements// du loisi-/r - embaumé

On a là deux types, nettement distincts, d'impressions sonores :

1) celles qui sont produites par un certain choix, conscient ou de hasard, des phonèmes utilisés (registres des nasales, des labiales, et associations affectives correspondantes, plus ou moins orientées par le sens même des mots);

2) celles que détermine le rapport de ces phonèmes, ou du moins de certains d'entre eux, avec la structure métrique du vers :
— correspondance de la fin du vers avec celle d'un autre par la rime,
— correspondance de la première mesure et de la troisième par une assonance (*infinIs | du loisIr*),
— correspondance de la deuxième et de la quatrième par la reproduction modulée d'un même dessin en allitérations (*B-R -M | R-B-M*).

Les impressions du premier type ne sont pas liées à la présentation métrique. Elles peuvent aussi bien être produites par un **texte en prose.** Elles relèvent du style.

Les impressions du second type sont liées à la structure du vers. Elles ne sont pas indispensables à sa perception; le vers peut exister sans elles; exister sans rime ni liaison quelconque avec un autre vers s'il forme un ensemble accentuel à structure métrique autonome; exister sans correspondances internes entre les mesures et l'agencement des sons, puisque la mise en système des mesures suffit à le constituer. Les rapports de sonorités (rime comprise) ne *font* donc pas le vers. Ils n'affectent même pas, ordinairement, tous ses composants. Mais, subsidiairement, quand ils apparaissent, ils le perfectionnent. Appuyés sur les relations fondamentales entre hémistiches ou mesures, ils doublent les rapports accentuels générateurs du rythme et du mètre par des rapports sonores qui relient l'une à l'autre les unités du discours versifié. Ils organisent le groupement des phonèmes comme on a vu les accents organiser la succession des syllabes. Une structure sonore perceptible se superpose ainsi à la structure métrique pour faire du vers un ensemble ordonné à différents niveaux. Et c'est cette organisation complexe, rapports accentuels à la base, rapports sonores internes entre mesures ou hémistiches, correspondances sonores externes entre les mètres eux-mêmes par la rime ou d'autres moyens, qui fait la spécificité du vers parmi les autres formes possibles de présentation du discours.

Il y a donc, au point de vue métrique, deux sortes de détails à considérer dans le système sonore de l'énoncé versifié :

1) les éléments de correspondance *externe* (de vers à vers), dont le principal, dans la tradition française, est la rime;

2) les éléments de correspondance *interne* (rapport du dessin sonore avec les unités rythmiques constitutives du vers).

Les uns et les autres sont des éléments subsidiaires, voire aléatoires, et ce n'est pas, par exemple, le glorieux destin de la rime dans le vers français qui fait d'elle pour cela un constituant fondamental de sa structure; l'abandon de la rime dans la poésie moderne sans que pour autant la structure du vers soit changée le démontre assez. Mais leur existence comme composants d'une organisation seconde en rapport avec l'organisation accentuelle première du vers suffirait, outre leur importance esthétique ou historique, à leur donner place dans le système. C'est à ce titre que leur description relève de l'analyse métrique, indépendamment de toutes considérations d'harmonie, d'euphonie, de suggestion musicale ou de symbolisme des sonorités, qui sont d'un autre ordre.

Correspondances externes : rime et assonance

Le mode de liaison des vers en poésie traditionnelle est, comme on sait, la rime. Il ne paraît pas inutile, afin d'éviter quelques erreurs, de préciser pour celle-ci définition et situation :

— *La rime se définit par l'homophonie, entre deux ou plusieurs mots, de leur voyelle tonique ainsi que de tous les phonèmes qui, éventuellement, la suivent ;*

— La rime métrique ordinaire se situe *à la fin du vers.* Les phonèmes identiques (voyelle tonique et suite) sont donc, dans deux vers rimant ensemble, les derniers phonèmes de ces vers.

Définition et situation appellent naturellement exemples et commentaires.

Quelques exemples d'abord pour indiquer l'extension et les limites de la définition :

vU / *tribU* : seule homophonie de la voyelle tonique finale, condition minimale d'existence de la rime;

sOC / *rOC* : voyelle tonique + consonne finale.

Les homophonies qui précèdent celle de la tonique perfectionnent naturellement la rime, sans en changer la nature :

ciTÉ / *beauTÉ* : voyelle tonique + consonne précédente (dite *consonne d'appui*);

lIEUx / *cIEUx* : voyelle tonique + semi-consonne précédente;

inOUÏ / *réjOUI* : voyelle tonique + voyelle précédente (*OU*).

Les phonèmes non prononcés ne comptent pas (sauf cas spéciaux à voir plus loin) dans la réalisation et la perception de la rime :

— qu'ils soient consonnes muettes :

bOR(d) / *mOR(t)*

— ou *e* caduc apocopé ou amuï :

mOND(e) / *profOND(e)*
NU(e) / *veNU(e)*.

Les rimes en -*e* caduc — que celui-ci soit après consonne (*monde*) ou après voyelle (*nue*) — dites *rimes féminines* (sans considération du genre grammatical des mots intéressés) sont cependant regardées traditionnellement comme étant d'une nature différente de celle des autres rimes, dites *rimes masculines*. De cette opposition résultent des pratiques particulières, qui seront examinées ci-dessous (p. 203).

Si l'homophonie de la dernière voyelle tonique du vers est suivie d'une hétérophonie, il y a seulement *assonance*[1] :

nU / *dUr* : voyelle tonique sans suite / voyelle tonique suivie d'une consonne;

sépAre / *glAce* : consonnes différentes après la voyelle tonique.

Assonance même, en stricte terminologie, si une seule hétérophonie rompt une suite d'homophonies après la voyelle tonique :

quATRe / *AsTRe*.

La tradition distingue, comme dans le cas des rimes, les *assonances masculines* des *assonances féminines*. L'assonance, qui a

---

1. Le phénomène général d'assonance se définit par une répétition de voyelles en toutes positions. Il peut donc y avoir assonance entre toniques (*nU* /*dUr*), entre tonique et atone (*obscUr* / *nUdité*) ou entre atones (*rUdesse* / *pUreté*). Les assonances en positions diverses entrent dans le système des structures harmoniques. Entrent seulement dans celui des structures métriques les assonances toniques de fin de vers, ce pourquoi elles sont les seules que l'on considère ici.

fourni le premier mode de liaison des vers en ancien français :

> Guenes chevalch(e)t // suz une olive hAlt(e)
> Asemblet s'est // as sarrazins messAg(e)s [1]   *Roland*

se retrouve dans la technique d'échos ε   uplis ou assourdis
qui caractérise parfois le vers moderne :

> Pour son baiser les rois du mONde
> Seraient morts les pauvres fameux
> Pour elle eussent vendu leur OMbre   APOLLINAIRE

On l'y considérera, selon le point de vue sous lequel on se place,
comme résurgence historique, comme effet de style ou comme
libre interprétation des règles de l'art. Mais on observera d'abord
ses caractères phoniques exacts et la particularité qu'elle constitue, en accord ou en contraste avec son contexte, dans le système de liaison des vers.

La situation de la rime ou de l'assonance métrique appelle à
son tour quelques précisions. On a pu remarquer que la correspondance qu'elles déterminent est assurée par *la fin des vers*,
et que les homophonies finales jouent ainsi, dans la conscience
commune, le rôle de *marques des limites du vers*. D'autres correspondances de vers à vers n'en peuvent pas moins exister soit
comme recherches techniques, soit comme effets d'art annexes,
soit comme essais de renouvellement du mode même de liaison
des vers.

1. *Recherches techniques.* Ce sont toutes les prouesses rhétoriques anciennes ou modernes qui associent les vers, outre la
rime finale, par des homophonies initiales ou médiales :

— Rime *annexée*, qui reprend la syllabe de rime au début du
vers suivant :

> Par trop aimer mon pauvre cœur laMENTE ;
> MENTE qui veut, touchant moi je dis voir.
>   'vrai'   J. MAROT

— Rime *fratrisée*, qui reprend non seulement la syllabe de rime, mais le mot entier :

> Crétin n'entend en combats ou TOURNOIS
> TOURNOIS gagner pour Molin empêcher: G. CRÉTIN
> ' ancienne monnaie, frappée à Tours'

— Rime *enchaînée*, qui reprend la base lexicale du mot de rime ou d'un mot voisin pour l' « enchaîner » à la suite :

> Dieu des amans, de mort me GARDE ;
> Me GARDant donne moy bon heur;   C. MAROT

— Rime *batelée*, qui fait rimer la fin du vers avec la fin de l'hémistiche suivant :

> Nymphes des bois, pour son nom sublIMER
> Et estIMER, sur la mer sont allées :
> Si furent lors, comme on doit présUMER.
> Sans écUMER les vagues ravalées.
>   'aplanies'   C. MAROT

— Rime *brisée*, qui fait rimer les vers par la césure :

> Chacun doit reGARDER // selon droit de nature,
> Son bien propre GARDER,// ou trop.se dénature.   G. CRÉTIN

le grand art étant éventuellement de produire un texte qui demeure cohérent après le partage des vers suggéré par la rime intérieure, comme dans ce quatrain d'Étienne Tabourot, où le partage des alexandrins en hexasyllabes dégage un sens exactement opposé à celui des vers entiers :

> Soit du Pape maudit   qui hait les jésuites
> Celui qui en eux croit   soit mis en paradis
> A tous les diables soit   qui brûle leurs écrits
> Qui leur science suit   acquiert de grands mérites.

— Et rime encore sur double mètre, telle que l'a tentée — ou retrouvée car elle aussi est ancienne — le moderne rhétoriqueur qu'est souvent Aragon lui-même, en articulant rimes ou assonances externes et internes de façon à jouer sur deux mètres et à créer, comme il le dit, « deux chants », comme dans ces vers susceptibles d'un double groupement, par alexandrins:

> Panorama du souvenir assez souffert
> Ah c'est fini Repos Qui de nous cria non
> Au bruit retrouvé du canon Faux Trianon
> D'un vrai calvaire à blanches croix et tapis verts

ou par octosyllabes :

> Panorama du souvenir
> Assez souffert Ah c'est fini
> Repos Qui de nous cria non
> Au bruit retrouvé du canon
> Faux Trianon d'un vrai calvaire
> A blanches croix et tapis verts

2. *Effets d'art annexes.* Ce sont toutes les correspondances, celles-là toniques ou non, vocaliques (assonances) ou consonantiques (allitérations) qui peuvent joindre les vers distincts par des rappels ou des échos :

> Mais les bijoux perdus de l'antique Palmyre,
> Les métaux inconnus, les perles de la mer,   BAUDELAIRE

(double liaison de ces deux vers, hors de la rime finale elle-même qui ne les associe pas entre eux : par la rime brisée *perdus / inconnus* ; et par la chaîne consonantique du mot *Palmyre P L M R*, qui se décompose sur la fin de vers correspondante *Perles de La Mer*) ;

> Passait, laissant toujours de ses mains mal fermées
> Neiger de blancs bouquets d'étoiles parfumées.   MALLARMÉ

(liaison supplémentaire, outre la rime proprement dite, par les profils phoniques presque parallèles des dernières syllabes des vers : *mal fermées / parfumées*).

3. *Essais de renouvellement* du système de liaison. Ce sont, enfin, fondées sur la conscience des correspondances du type précédent, les tentatives vers-libristes d'unification des séries métriques par le réseau d'homophonies dans lequel est pris, avec ou sans rimes ou assonances finales, l'enchaînement des vers :

> Tes rides légères le sillage gracile
> Des âges aux récifs difficiles   G. KAHN

(en sus de la rime, parallélismes entrecroisés : *Tes rides/récifs,
sillage/des âges, gracile/récifs*).

De l'évolution des doctrines dans ce domaine des homophonies de vers à vers se dégagent assez nettement les idées directrices de la métrique française sur le rôle de la rime dans la
liaison des vers. Les échos sonores n'y sont regardés que comme
jeux rhétoriques ou effets accessoires *tant qu'ils ne touchent pas
les articulations majeures* du mètre, tonique de césure et tonique
de fin de vers. Mais ils sont l'objet d'une attention aiguë dès
lors qu'ils les mettent en jeu. Et il est significatif que l'orthodoxie
classique considère comme des faiblesses la rime batelée ou la
rime brisée, et même les assonances toniques de même formule,
parce qu'elles mettent en question l'unité du vers en donnant
à l'hémistiche un faux statut : celui de vers virtuel, et, on l'a vu,
parfois même réel, par la présence de correspondances ambiguës.
Cela veut dire que, dans la conscience métrique commune, les
homophonies toniques, et la rime en particulier, apparaissent
non seulement comme des éléments de liaison, mais encore comme
des marques stables de l'achèvement du vers. Marques non nécessaires sans doute, puisque le vers est d'abord fait de rapports
rythmiques; mais si longtemps associées à sa conclusion qu'elles
ont pu en sembler le signe même, au point d'être gênantes, voire
interdites, ailleurs. De sorte qu'il faudra la conception assouplie
du vers moderne pour leur rendre une liberté d'exercice pratiquement aliénée par leur affectation obligée en fin de vers. Lorsque
Valéry reprend la rime batelée et en redouble les effets :

> Le songe se dévide avec une parESSE
> Angélique, et sans cESSE //au doux fuseau créDULE,
> La chevelure onDULE // au gré de la carESSE.

il utilise sans doute les moyens des Grands Rhétoriqueurs. Mais il
réagit aussi comme les vers-libristes, pour qui la rime doit cesser
d'être l'immuable coup de gong des fins de mètres, afin d'étendre à tout le vers — césure comprise — les pouvoirs de ses appels

et de ses échos. Le vers léonin (rime des hémistiches l'un avec l'autre) nous fournira, au chapitre des correspondances internes, des observations exactement parallèles (*cf.* p. 220).

Les détails précédents font évidemment ressortir l'importance majeure des homophonies toniques finales, assonance métrique et rime, parmi toutes les autres formes possibles de liaison sonore des vers. C'est donc à elles qu'il convient de s'arrêter particulièrement. On a vu leur définition et leur rôle. Reste à éclairer les nuances de leur emploi.

Ces nuances d'emploi, — et par conséquent leur perception ainsi que leur analyse — ne reposent pas seulement sur une hiérarchie plus ou moins subtile des homophonies (assonance, rime pauvre, riche, etc.). La rime en particulier constitue tout un complexe, lié à un jeu de tensions entre les similitudes phoniques, voire graphiques, et les différences lexicales, sémantiques, grammaticales, voire volumétriques des mots intéressés. La rime est donc fondée en fait sur la combinaison de deux principes dans la relation des mots sur lesquels elle porte : un principe d'identité et un principe d'opposition.

Principe d'identité

C'est à lui qu'on se réfère pour définir la qualité phonique de la rime. C'est son application qui, conditionnée par les variations de l'histoire phonétique et compliquée par l'ambiguïté de nature d'un langage poétique à la fois parlé et écrit, a fait joindre à l'homophonie l'entrée en compte d'homographies qui ont pu subtiliser licences ou effets jusqu'à l'artifice. C'est le même principe enfin qui, converti en exigence de structure, a si bien fait entrer dans les usages l'opposition de « genre métrique » (rimes masculines / rimes féminines) qu'on ne saurait dire aujourd'hui encore si la conscience y distingue la convention de la nature, la survivance de la réalité.

Qualité phonique de la rime

Elle se mesure, dans le cadre de la définition donnée p. 184, par le nombre des homophonies perceptibles. Les théories et traités laissent apparaître ici quelques flottements terminologiques, reflets des exigences plus ou moins poussées des écoles poétiques en matière de rime. C'est ainsi que l'identité de la consonne d'appui détermine à elle seule, selon les terminologies d'inspiration classique, l'existence d'une rime *riche*, que l'homophonie de la voyelle tonique soit suivie d'une autre homophonie (*MER / aMER*) ou que cette voyelle soit finale, sans plus (ci*TÉ* /ô*TÉ*); tandis que les terminologies fondées sur la pratique romantique ou parnassienne considèrent seulement comme *suffisantes* — pour reprendre le vocabulaire traditionnel de la technologie poétique — les rimes de ce dernier type, l'impression de richesse ne pouvant alors se créer qu'à partir de l'identité de trois éléments.

On proposera, pour l'analyse ou la critique, de trancher dans le sens de la plus claire simplicité, en fondant la hiérarchie des rimes sur le nombre seul des homophonies [1], et en la nuançant par la distinction des syllabes, ce qui fournit le cadre de classement suivant :

— Rime *pauvre* : une seule homophonie, celle de la dernière voyelle tonique du vers — à l'exclusion de toute hétérophonie subséquente, laquelle ramènerait au cas de l'assonance ; l'association *nU/pUr* constitue une assonance, les associations *horizON/nON* ou *nUe/salUe* constituent des rimes pauvres, mais des rimes tout de même, respectivement masculine et féminine.

— Rime *suffisante* : deux homophonies : voyelle tonique + consonne suivante (*mER/fER, rÊVe/achÈVe*), consonne d'appui + voyelle tonique phonétiquement finale (*VA/trouVA, incenDIe/ harDIe*).

---

1. Il est bien entendu qu'il s'agit des homophonies *réelles* et que ne doivent compter, en français moderne, ni les consonnes finales purement graphiques, ni, dans les rimes féminines, les *e* finals muets : *dOUx / caillOUx* = une homophonie, *usAGe / partAGe* = deux homophonies, *géNIe / monotoNIe* = deux homophonies. *Cf.* cependant, sur la question des consonnes finales, le paragraphe « *Homophonie et homographie* » ci-dessous, p. 199.

— Rime *riche* : trois homophonies ou davantage : consonne d'appui + voyelle tonique + consonne (*VERs/diVERs, éCHINe/ maCHINe*), consonne + consonne d'appui + voyelle tonique phonétiquement finale (*aRDU/peRDU, paRTIe/oRTIe*), deux consonnes d'appui en groupe combiné + voyelle tonique phonétiquement finale (*PRÉ/diaPRÉ, paTRIe/fléTRIe*), voyelle tonique + deux consonnes (ARC/pARC, pORTe/sORTe), etc.

La **rime riche** dont les homophonies s'étendent sur deux syllabes (la syllabe tonique prosodiquement finale et la précédente) est parfois distinguée sous le nom de rime *léonine* ou rime *double*. On sera d'avis de manier ces termes avec quelque prudence; d'abord parce que leurs acceptions ont varié au cours de l'histoire; ensuite parce que, même appliquées à la poésie en français moderne, elles restent mal fixées, tel exigeant pour les justifier l'homophonie des deux syllabes entières (*aNI-MAL | bien NI MAL*), tel se contentant, pour la syllabe pénultième, de l'homophonie de la voyelle (*cITÉ | probITÉ*); enfin parce que, dans leur forme même, ils prêtent, si l'on n'y prend garde, à confusion : le terme de *rime léonine* avec celui de *vers léonin*, qui désigne le plus ordinairement, selon une vieille tradition, « les vers dont les hémistiches riment ensemble », c'est-à-dire tout autre chose, le terme de *rime double* avec celui de *rime redoublée*, qui s'applique, lui, à la disposition des rimes, pour désigner, dans une structure strophique, la reprise de la même rime soit à la suite :

> Où la fable mit ses Ménades,   (*a*)
> Où l'amour eut ses sérénades,   (*a*)
> Grondaient les sombres canonnades,   (*a*)
> Sapant les temples du vrai Dieu;   (*b*)
> Le ciel de cette terre aimée   (*c*)
> N'avait, sous sa voûte embaumée,   (*c*)
> De nuages que la fumée   (*c*)
> De toutes ses villes en feu.   (*b*)
>
> HUGO

(rimes redoublées : *a a a* et *c c c*),

soit à distance :

Il étale à son tour des revers équitables	(*a*)
Par qui les grands sont confondus;	(*b*)
Et les glaives qu'il tient pendus	(*b*)
Sur les plus fortunés coupables	(*a*)
Sont d'autant plus inévitables	(*a*)
Que leurs coups sont moins attendus.	(*b*)

CORNEILLE

(les deux rimes sont redoublées dans la combinaison d'ensemble). Qu'on parle donc, si l'on veut, de rime *léonine* ou *double*, mais en précisant l'emploi de ces termes et en se gardant des fausses applications. Et, au besoin, la terminologie n'étant qu'un moyen et non une fin, qu'on se contente du terme clairement descriptif de rime *dissyllabique* (ou *tri-*, ou plus, selon le cas), qui fera faire ici à l'analyse l'économie des minuties taxinomiques et des vétilleux distinguos.

On peut subtiliser aussi sur le cas des séquences vocaliques : semi-consonne, (c'est-à-dire aussi bien semi-voyelle) devant voyelle tonique (*dIEU/lIEU*), ou voyelle pénultième $+$ voyelle tonique en diérèse (*nUÉes/hUÉes*). Rimes suffisantes, si l'on se rapporte au nombre des homophonies. Mais différence d'extension syllabique : rime sur une syllabe dans le premier cas, sur deux dans le second : effets phonétiques inégaux. C'est ce qui amène critiques et théoriciens à classer la seconde (la rime bi-vocalique) parmi les rimes riches, bien qu'elle ne comporte que deux homophonies. Ce choix, fondé sur une distinction réelle, paraît raisonnable. C'est aussi sur la réalité phonétique qu'on pourra se fonder pour apprécier les rimes sur pseudo-diphtongues du type *fOI/rOI*, *nUIts/fUIs*, *glOIRe/dérisOIRe* (« pseudo- » parce qu'en fait, il n'y a là que semi-consonne $+$ voyelle : *WA, ẄI)*. Le nombre des phonèmes réels ainsi dégagés donne immédiatement la qualité de la rime : *fWA/rWA*, rime suffisante; *nẄI/fẄI*, rime suffisante; *glWAR(e)/dérizWAR(e)*, rime riche. Les hésitations des vieux traités (*soir/espoir* classé par exemple comme rime suffisante, le groupe *-oi-* étant considéré comme son unique) peuvent ici, sauf particularités anciennes d'histoire de la diction, céder la place aux conclusions tirées de l'analyse phonétique la plus simple.

Il semble souhaitable — et l'évolution moderne de la rime nous le confirme — de nuancer la hiérarchie précédente par la considération de rapports plus délicats, mais néanmoins sensibles. La tradition ne fournissant aucun terme technique pour désigner ces rapports, on proposera celui de rime ou assonance *enrichies*, pour indiquer sans trop de lourdeur l'orientation des détails supplémentaires à observer.

Ce peuvent être des correspondances articulatoires marquées par des oppositions phonologiques élémentaires. Exemple : *passe/basse* : rime théoriquement suffisante $(A+S)$ mais enrichie par la variation « sourde / sonore » de la même articulation d'appui *(P / B)*. Ainsi les systèmes de corrélations et d'oppositions qui associent dans la *Chanson du mal-aimé* tels groupes post-toniques (*Londres/rencontre*, DR/TR), dans *La Jeune Parque* telles consonnes d'appui (*gaze/jase*, G/J) font-ils du premier rapprochement un peu plus qu'une simple assonance, du second un peu plus qu'une rime suffisante, ce que pourtant ils sont théoriquement. On peut même se demander si parfois la conscience phonologique n'y attache pas plus de prix qu'aux exactes homophonies, par des effets conjoints de rupture des habitudes, d'inattendu et de nuance.

Ce peuvent être aussi des échos étendus au-delà du cadre étroit des obligatoires séries ininterrompues. Le couple *image/visage* ne donne en principe qu'une rime suffisante, mais largement enrichie par l'identité bi-vocalique réalisée au-delà de l'hétérophonie de la consonne d'appui. Le couple *dessin/destin* n'est en théorie qu'une rime pauvre (voyelle tonique en finale absolue, hétérophonie de la consonne d'appui), mais l'exact parallélisme des mots à un phonème près en fait tout autre chose. L'association *chasse/chaste* n'est en règle stricte qu'une assonance, mais, quand intervient l'hétérophonie finale qui la réduit à cet état, elle a déjà produit un effet beaucoup plus large par la triple homophonie qui établit l'équivalence des mots.

Ce peuvent être enfin des jeux de positions, comme dans la

rime *inversée* des unanimistes, qui intervertit les consonnes entourant la voyelle homophone : les associations *cor/roc*, *Chine/niche* sont théoriquement des assonances, mais la similitude inversée des consonnes leur donne un relief particulier et assurément perceptible. De même la rime *enjambée* d'Aragon « qui, dit-il, se décompose à cheval sur la fin du vers et le début du suivant » — encore une technique ancienne, oubliée et retrouvée :

> Ne parlez plus d'amour J'écoute mon cœur BATTRE
> Il couvre les refrains sans fil qui l'ont grisé
> Ne parlez plus d'amour Que fait-elle là-BAS
> TRop proche et trop lointaine ô temps martyrisé

n'est-elle avec la séparation des vers qu'une assonance, mais un peu plus aussi qu'une assonance dans la conscience de leur enchaînement.

Correspondances phonologiques, extensions d'échos, jeux de positions, les divers procédés tantôt s'appliquent seuls, tantôt se multiplient ou se combinent. *Amande/aimante* joue sur deux associations et oppositions de voyelles et de consonnes *(A/AI, D/T)*, *harem/Jérusalem* sur une extension d'écho *(A)* et sur la correspondance dans le même registre (« vibrante / liquide » : *R/L*) des consonnes d'appui.

Il peut donc être utile de nuancer les classements théoriques par la considération des réalités phoniques qui en débordent éventuellement les cadres. Les notions d'assonance, de rime pauvre, suffisante ou riche, prises « stricto sensu » ne rendent pas compte de tout. Il convient de les garder en tout état de cause comme éléments d'une hiérarchie que sa simplicité autorise et que la tradition impose. La notion d'assonance et de rime enrichies y apportera éventuellement les compléments propres à en tempérer la rigidité.

REMARQUE. Les correspondances sonores entre les vers sont fondées canoniquement sur l'identité de leur dernière voyelle tonique. C'est par elle seule que se définissent l'assonance (= homophonie de cette voyelle, sans considération des hétérophonies subséquentes) et la rime pauvre (=homophonie de cette voyelle, sans phonèmes subséquents); c'est sur elle que s'appuient les rimes suffisante et riche (= homophonie de cette voyelle +...). Certains poètes modernes ont essayé d'un système inverse, fondé non plus sur les voyelles, mais sur les consonnes :

— homophonie consonantique finale après hétérophonie vocalique tonique : *saC/écheC, loGe/bouGe, perruQUe/boutiQUe, zèBRe / caBRe;*

— ou, de façon plus raffinée, double homophonie consonantique de part et d'autre de l'hétérophonie vocalique tonique : *éterNeLLe/automNaLe, argenTiNe/forTuNe, MiRe/raMuRe.*

Ce procédé garde le nom conventionnel de *contre-assonance*, désignation en somme logique par opposition à l'assonance ordinaire (assonance = homophonie vocalique + hétérophonie consonantique, contre-assonance = hétérophonie vocalique + homophonie consonantique).

La contre-assonance employée comme mode autonome de liaison n'a connu qu'un développement limité, à cause de l'importance fondamentale de la voyelle tonique dans le système du vers français. Il est remarquable que, pour peu qu'elle s'enrichisse, elle aussi, de corrélations complémentaires, ici par modulations toniques dans un même registre vocalique *(grande / gronde : AN/ON)*, elle entre facilement dans un système assoupli de rimes, sous forme de rime dite *approximative* ou *imparfaite :*

> Je la surnommai Rosemonde
> Voulant pouvoir me rappeler
> Sa bouche fleurie en Hollande
> Puis lentement je m'en allai
> Pour quêter la Rose du Monde   **APOLLINAIRE**

C'est pourquoi, quelques tentatives systématiques, mais isolées, mises à part, elle est à considérer, quand on la rencontre, comme effet de détail ou comme élément de renouvellement passager des correspondances sonores plutôt que comme élément constituant des structures métriques.

Homophonie et homographie

Le principe d'identité dans la correspondance des rimes a, dans la tradition du vers français, étendu son application du domaine du langage parlé à celui du langage écrit, en imposant l'adjonction de similitudes graphiques aux similitudes phoniques qui forment la base du système, et parfois même en subordonnant celles-ci à celles-là. Analyser ce fait dans une perspective uniquement historique, c'est-à-dire par référence aux seules vicissitudes des rapports entre l'orthographe et la prononciation, serait sans doute ne donner qu'une vue partielle des choses. Dans le vers régulier, la rime pour l'œil est une réalité, par l'effet, certes, du conservatisme, par l'effet d'habitudes, de survivances converties en entraves ou de flottements anciens convertis en licences, mais aussi, dans la conscience poétique, par l'effet d'une esthétique visuelle, par celui des subtilités d'une correspondance à plusieurs degrés, et plus d'une fois par l'effet consenti des contraintes de l'art et des difficultés vaincues.

Si bien que la manière la plus exacte d'énoncer la question paraît être la suivante :

1) Le principe de la rime pour l'œil ne se réduit pas à une illusion historique : c'est un élément effectif de l'esthétique du vers français traditionnel de forme classico-romantique.

2) Son application y est d'ailleurs discrète, hormis le cas aigu des consonnes finales.

3) Les difficultés inhérentes à ce cas tiennent au fait qu'a été résolu ici selon le principe de l'homographie des rimes le problème, bien connu en histoire de la langue, des décalages entre la fixation de l'orthographe et l'évolution de la prononciation.

4) L'ambiguïté de la notion vient de l'impossibilité de distinguer à l'origine s'il y a conversion en principe esthétique d'une réaction archaïsante ou application, par le moyen de cette réaction, d'un principe déjà posé.

5) Mais, une fois passée la période des fluctuations historiques, la survivance vigoureuse de la règle aux faits d'évolution phonétique liés à son établissement, et ce malgré les critiques cons-

tantes dont elle a été l'objet, atteste son intégration dans le système du vers. C'est à ce titre qu'elle appelle dans l'ordre métrique l'attention, et, appliquée ou refusée, le commentaire.

Élément formel de l'esthétique du vers, telle apparaît la rime pour l'œil d'après les règles de Malherbe, et les gloses qui sont faites de sa critique de Desportes ne laissent aucun doute à cet égard. Il n'était d'ailleurs pas le premier qui posât le problème. Mais la manière dont il le résout ne laisse guère place à l'ambiguïté. Point n'est besoin d'attendre Mallarmé pour voir le principe établi non en termes d'histoire de la langue ou de réalisme technique, mais directement en termes de poétique. L'occasion en est évidemment historique : c'est l'écart creusé entre dictions et graphies — tant qu'elles étaient concordantes, la question ne se posait point. Mais il faut souligner que l'esprit dès l'abord en est esthétique, non pratique. Ce n'est pas la solution plus ou moins expédiente d'un problème linguistique. C'est et ce restera conçu comme *une règle de l'art.* Aussi bien les critiques de raison et de vérité n'auront-elles dessus aucune prise : bien que s'appliquant aux mêmes faits, elles ne sont pas sur le même plan. Il est symptômatique que l'abandon de la rime pour l'œil doive attendre, pour se produire franchement à la fin du XIXe siècle, le changement de système des valeurs propre à la poésie moderne.

Règle d'ailleurs incertaine compte tenu des longs flottements de l'orthographe, assez discrète si l'on considère la masse des mots. Il serait naïf de la prendre au pied de la lettre. *Elle n'intéresse guère les voyelles*, et, même dans la poésie la plus classique, il s'en faut de beaucoup que soient totalement respectées les exclusives de Malherbe sur les voyelles nasales (*puissance/innocence, -an-/-en-*) ou sur les graphies en *-è-/-ai-* (*progrès/attraits*), sans parler des correspondances en *-ɛu-/-œu-* (*cheveux/vœux*), *-au-/-eau-* (*travaux/nouveaux*) ou *-u-/-eu-* (*abattu/ils ont eu*), qui n'ont jamais gêné personne[1]. Les rimeurs scru-

---

1. Sont naturellement à exclure du domaine proprement métrique les problèmes posés par les rimes comme *retraite/étroite, dispute/émute* (= *émeute*)*, veuve/treuve* (= *trouve*) qui appellent une explication de pure phonétique historique.

puleux trouvent même la règle fort lâche quand elle pourrait au moins, par certaines traductions graphiques des oppositions, aider à dénoncer l'association des durées inégales (*naturelle/ grêle*) ou des timbres différents (*épaule/parole*), dont pour l'ordinaire, et là encore malgré Malherbe, elle se soucie peu. *Elle est également libérale sur le chapitre des consonnes non finales dans l'écriture*, et les variations et fixations de l'orthographe n'ont jamais empêché, dans leur cas, l'association des mots comportant homophonies hétérographiques (*place/fasse, -c-/ -ss-*), lettres simples et lettres doubles (*fertile/ville, -l-/-ll-*) ou consonnes muettes soit différentes (*rangs/parents, -g-/ -t-*), soit présentes dans l'un et absentes de l'autre (*efforts / tu sors, -t-/*-zéro-).

Et c'est là que la règle apparaît avec ses développements et ses ambiguïtés. *Rangs* et *parents* riment correctement au pluriel, mais ne peuvent rimer au singulier ; *efforts* et *sors* sont admis, mais la rime *effort/sors* serait exclue. C'est que les consonnes *g* et *t* dans le premier exemple, *t* dans le deuxième, deviennent au singulier des finales graphiques, et dès lors sont l'objet d'un traitement spécial. La règle qui les concerne, elles et toutes les autres situées dans la même position, peut s'énoncer ainsi dans la pratique : *seules peuvent rimer les consonnes graphiques finales qui seraient phonétiquement identiques si elles étaient consonnes de liaison entre mots*. Vérification facile à faire par hypothèse d'une liaison (naturelle ou forcée) :

rangs / parents : rime correcte puisque, en liaison : *rangs-z - élevés, parents - z - éloignés.*

efforts / sors : rime correcte puisque, en liaison : *efforts - z -insensés, tu sors - z - encore.*

rang / parent : rime incorrecte : *rang - k - élevé, parent - t - éloigné.*

effort / sors : rime incorrecte : *effort - t - insensé, tu sors - z - encore.*

Ainsi s'explique l'arbitraire apparent de la règle visuelle des consonnes finales :

Pas de rime :

— Entre un pluriel en *-s* ou *-x* et un singulier sans *-s* ou *-x* (*saisons/floraison, lieux/dieu*);

— Entre des désinences verbales à consonnes graphiques différentes (*chantes/vantent*);

— Entre des désinences ou mots avec et sans consonne finale (*chantes/vante, loup/cou*);

— Entre des mots à consonnes finales potentiellement différentes en cas de liaison (*sang/grand, flanc/dent*).

Mais rimes possibles :

— Sur consonnes de même liaison potentielle, dites consonnes *équivalentes* (*flanc/sang, bord/sort, bois/croix, nés/venez*);

— Et naturellement sur toutes consonnes identiques, sans considération de différences grammaticales (*mon époux/les genoux, un discours/les détours*).

REMARQUE. Il n'est donc pas exact de dire, comme on le fait parfois, qu'un pluriel ne rime pas régulièrement avec un singulier. Ce qui compte, c'est seulement la consonne finale et sa liaison virtuelle, non le nombre grammatical ou la catégorie. De sorte que — autre idée reçue à combattre — *amour*, en poésie régulière, ne rime pas bien avec *toujours* : c'est *amours* qu'il y faut et qu'immanquablement on y trouve; la rime *amour/toujours* participe de la technique de la chanson ou de la poésie moderne libérée, non de la tradition du lyrisme.

La règle graphique de la rime sur consonne finale a donc des références *phonétiques* effectives : c'est ce que montre le test de la virtualité de liaison, communément utilisé pour juger de son application. Cela tient au fait qu'elle est un vestige de l'histoire. Les habitudes en matière de rime se sont établies en un temps où beaucoup de consonnes finales étaient perceptibles à la pause, donc aussi en fin de vers quand chacun formait une unité distincte d'élocution; où les sonores s'y assourdissaient (*grand* prononcé *grantt, sang* prononcé *sank*) et où l'-*s* final de pluriel absorbait la consonne précédente s'il y en avait une — ce qui explique à la fois interdictions et permissions, interdictions parce que *flanc* ne pouvait rimer même pour l'oreille avec *amant* (-*k*/-*t* prononcés) ni *mort* au singulier avec *tu sors* (-*t*/ -*s* prononcés), permissions parce que *grand* rimait parfaitement avec *amant* (-*d* assourdi en -*t*/-*t* prononcé), *flanc* avec *sang* (-*k*/-*g* assourdi en -*k*) et *sors* avec *morts* au pluriel (-*s* prononcé / -*s* prononcé et -*t* absorbé). C'est sous ce point de vue que la rime pour l'œil sur consonnes finales représente la conversion d'un état phonétique ancien en règle de l'art.

Les consonnes finales disparurent de la prononciation. Certaines furent rétablies. Mais on sait que les évolutions et réactions phonétiques ne sont ni globales ni uniformes. La rime pour l'œil, que nous avons vue source de contraintes, servit aussi à cristalliser en licences archaïsmes ou flottements :

— Archaïsmes, quand un moderne fait rimer *mon fils/unis, nous/tous* comme le faisaient les classiques (qui prononçaient *fi/uni, nou/tou*), ou quand il accole aux noms antiques ou étrangers à finale restituée des mots à finale muette (*nus/Vénus*);

— Flottements, quand le poète profite du partage de la langue entre les amuïssements populaires et les restitutions de la diction soutenue pour associer dans la rime dite *normande* les finales en -*er* à consonne prononcée et celles à consonne muette (*mer/aimer*).

Ainsi, exigence ou licence, la rime pour l'œil, dans ses détails, est toujours liée à l'histoire. Mais on ne saurait dire pour autant qu'elle en soit quelque sous-produit, comme si on l'eût inventée seulement pour justifier après coup immobilisme ou confusion dans le traitement de la langue vivante par un art figé. Discipline ou facilité, subtilité ou artifice, elle a fait trop longue carrière pour n'avoir pas été longtemps sentie par les poètes comme une nécessité effective dans le système de liaison des vers. Comment expliquer autrement leur docilité à sa tyrannie, des licences graphiques courantes en poésie et utilisées selon le besoin (*guère* et *guères*, *Londres* et *Londre*) à leur emploi quasi provocant par l'artifice proclamé dans le contexte immédiat :

> Et passe sans retour du plaisir au REMORD,
> Du REMORDS aux douleurs, des douleurs à la mort.   DELILLE

des flottements exploités d'une orthographe d'époque :

> Vous connaissez, Madame et la lettre et le SEIN.
> — Du cruel Amurat je reconnais la main.   RACINE

(*sein* pour *seing* 'signature', bien entendu) à l'archaïsme graphique déclaré :

> Mais lorsque par hasard le destin vous ramène
> Vers quelque monument d'un amour oublié,
> Ce caillou vous arrête, et cela vous fait peine
>   Qu'il vous heurte le PIÉ.   MUSSET

de l'option morphologique licite en son temps :

> Sans parents, sans amis, sans espoir que sur moi,
> Je puis perdre son fils; peut-être je le DOI.   RACINE

(graphie étymologique, désinence -*s* non encore généralisée) à la franche licence quand elle se retrouve deux siècles plus tard :

> Par l'amour, par le cœur, duc, je vous APPARTIEN.
> J'ai foi dans votre honneur pour respecter le mien.   HUGO

et de l'entorse à l'orthographe d'usage :

> Comment se pourrait-il que de moi ceci vînt?
> Le chiffre de mes ans a passé QUATRE-VINGT.   HUGO

(*Quatre-vingts* écrit sans -*s*)

aux libertés prises avec l'orthographe d'accord :

> Dieu de pardon! leur Dieu! Dieu de leurs pères!
> Toi que leur bouche a si souvent nommé,
> Entends pour eux les larmes de leurs frères!
> Prions pour eux, nous qu'ils ont tant AIMÉ!   LAMARTINE

(pas d'accord du participe).

La poésie moderne, quand elle conserve ou retrouve la rime, a répudié, sauf traditionalisme avoué, toutes les règles de l'homographie, règle des rimes en -*s* et sans -*s* :

> Je n'ose plus ouvrir mes secrètes armoires
> Que vient bouleverser ma confuse mémoire.   SUPERVIELLE

règle des désinences verbales :

> Nous ne comprenons rien à ce que nos fils aiment
> Aux fleurs que la jeunesse ainsi qu'un défi sème   ARAGON

règle des consonnes équivalentes :

> Et j'absous les aveux pourpres comme leur sang
> [.......................................]
> Lorsque je vois le soir les couples s'enlaçant   APOLLINAIRE

règle des consonnes présentes et absentes :

> Sommeil! Petite pluie abattant l'ouragan!
> Sommeil! Dédale vague où vient le revenant!   CORBIÈRE

Mais, toutes ces règles faisant partie de la tradition du vers français au point d'être devenues souvent pour lui, dans la minutie de leur application, comme une seconde nature issue de l'artifice même, on n'a le droit ni de les dédaigner, ni de les méconnaître, ni surtout, que le poète s'y soumette ou qu'il s'en libère, de les ignorer.

Genre métrique et alternance

On a vu (p. 185) que les rimes (et assonances) *masculines* et *féminines* faisaient selon la tradition l'objet d'une nette distinction, naturellement fondée en fait quand les -*e* sourds avaient une existence réelle, et demeurée vivante dans la conscience poétique même après que cette existence fut devenue aléatoire ou nulle.

De cette réalité originelle et de cette conscience maintenue en dépit des variations de l'*e* caduc final procèdent dans le vers régulier les deux règles du « genre métrique » :

— Une règle de nature : la mise en correspondance des seules homophonies de même genre métrique, masculines avec masculines, féminines avec féminines : une rime du type *réveil/merveille* est donc exclue;

— Une règle de structure : l'alternance (généralisée seulement à la fin du XVIe siècle) des rimes masculines et des féminines dans la succession des vers.

Ce terme d'*alternance* ne doit pas prêter à confusion. Il n'est pas question d'exiger qu'une rime masculine soit rigoureusement suivie d'une féminine et inversement, selon un strict croisement *M F M F* ... Ce n'est là qu'une forme entre autres d'application du système de l'alternance. Il s'agit de faire en sorte que lorsqu'on change de rime on ne tombe pas sur une rime de même genre métrique, autrement dit que, quelle que soit la disposition d'ensemble des rimes (plate, croisée, embrassée, redoublée, en succession simple ou en combinaison strophique), *le changement de rime corresponde à un changement de genre métrique*, appuyant la variation des homophonies d'une variation de la nature — phonétiquement, en français moderne, plus ou moins sensible, mais conventionnellement admise et visuellement marquée — de leur terminaison. Exemples :

— En rimes plates :

> Je ne t'escry de l'amour vaine et folle :
> Tu voys assez s'elle sert ou affole;
> Je ne t'escry ne d'armes ne de guerre:
> Tu voys qui peult bien ou mal y acquerre;   MAROT

$a(F) - a(F) - b(F) - b(F)$: la rime change sans changement de genre métrique : pas d'alternance;

> La cigale ayant chanté
>   Tout l'été,
> Se trouvá fort dépourvue
> Quand la bise fut venue:
> Pas un seul petit morceau
> De mouche ou de vermisseau.   LA FONTAINE

$a(M) - a(M) - b(F) - b(F) - c(M) - c(M)$: le changement de genre métrique accompagne le changement de rime : alternance observée;

— En rimes croisées :

> Qu'on parle mal ou bien du fameux cardinal,
> Ma prose ni mes vers n'en diront jamais rien:
> Il m'a fait trop de bien pour en dire du mal;
> Il m'a fait trop de mal pour en dire du bien.   CORNEILLE

$a(M) - b(M) - a(M) - b(M)$: pas d'alternance;

Je sais les cieux crevant en éclairs, et les trombes,
Et les ressacs, et les courants, je sais le soir,
L'aube exaltée ainsi qu'un peuple de colombes,
Et j'ai vu quelquefois ce que l'homme a cru voir.   RIMBAUD

$a(F) - b(M) - a(F) - b(M)$: alternance observée.

Cette règle de l'alternance est suivie comme un dogme en poésie régulière, et les entorses qui y sont faites doivent être considérées comme recherches conscientes d'effets particuliers :

Et j'ai rimé cette ode en rimes féminines
Pour que l'impression en restât plus poignante,
Et par le souvenir des chastes héroïnes
Laissât dans plus d'un cœur sa blessure saignante.   BANVILLE

Les raisons du maintien de la règle et des sensations qui peuvent résulter de son respect ou de son exceptionnelle violation sont assurément mêlées. Force de la coutume et conservatisme du langage poétique français ? Caractère incertain de la syllabe caduque finale — tantôt prononcée, même si elle n'est pas comptée, tantôt réellement « muette », et sentiment correspondant d'une nature spéciale des terminaisons féminines ? Superposition, même pour les vers dits ou entendus, des impressions visuelles (fins en *-e*, fins sans *-e*) aux impressions purement auditives ? Il y a tout cela sans doute à la fois. Il est certain en tout cas que l'alternance des rimes n'est pas sortie des habitudes avec l'amuïssement du *-e* et que jusqu'à nouvel ordre, dans le contexte culturel français, sa présence donne le sentiment de la norme et son absence celui de l'écart.

L'identification des rimes ne va pourtant pas sans conventions ni artifices. Et, si la conscience de langue conçoit sans trop de peine (les habitudes et les associations visuelles aidant) le genre métrique féminin d'une finale à consonne graphiquement appuyée sur *-e* muet (*dire, monde*), voire d'une finale à voyelle suivie de *-e* (*prie, avoue*), elle a parfois quelque peine à entrer dans les subtilités d'une orthodoxie métrique qui fait des imparfaits ou conditionnels en -*aient*[1], des subjonctifs *aient* ou *soient* des rimes masculines, alors qu'elle classe parmi les féminines les présents, à terminaison identique ou comparable, du type *paient, essaient, voient, croient, fuient, avouent*, etc. Le détail est pourtant à connaître, car il conditionne, évidemment, l'observation des alternances soit classiques :

Qu'aux accents dont Orphée emplit les monts de Thrace	(*F*)
Les tigres amollis dépouilloient leur audace;	(*F*)
Qu'aux accords d'Amphion les pierres se mouvoient,	(*M*)
Et sur les murs thébains en ordre s'élevoient.	(*M*)

BOILEAU

Mais bientôt, malgré tout, leurs princes les rallient;	(*F*)
Leur courage renaît et leurs terreurs s'oublient:	(*F*)
La honte de mourir sans avoir combattu	(*M*)
Arrête leur désordre et leur rend leur vertu.	(*M*)

CORNEILLE

soit modernes :

C'est le Diable qui tient les fils qui nous remuent!	(*F*)
Aux objets répugnants nous trouvons des appas;	(*M*)
Chaque jour vers l'Enfer nous descendons d'un pas,	(*M*)
Sans horreur, à travers les ténèbres qui puent.	(*F*)

BAUDELAIRE

La distinction ici est d'ailleurs exactement la même que celle qui intervient à propos du traitement de -*e*- après voyelle en prosodie syllabique (*cf.* p. 66), ce qui atteste un sentiment de la disparition phonique du -*e*- plus ancien dans les imparfaits et conditionnels, ainsi que dans le subjonctif pluriel des auxiliaires, que dans les autres formes verbales. Mais il est bien évident que c'est seulement par la force de la coutume que de telles minuties ont pu se maintenir.

La valeur structurale d'un système d'oppositions et d'alternances fondé sur les survivances et conventions du genre métrique

---

1. Graphie classique -*oient*, sans changement de prononciation (celle-ci, comme on sait, est -*è*- dans les imparfaits et conditionnels classiques et post-classiques, quelle que soit la graphie).

diminue au demeurant dès lors que la poésie se veut plus proche de la langue vivante que d'une tradition qu'elle juge exténuée. Alors la rime se réduit aux seules homophonies réelles, abolissant la règle de concordance des genres métriques en même temps que celle de l'homographie :

> Sortiront de la terre et viendront dans les airs
> Pour boire de mon vin par deux fois millénaire   APOLLINAIRE

Mais l'exigence d'une organisation par alternance ne disparaît pas pour autant, et son souci conduit certains à remplacer l'ancienne opposition des rimes masculines et féminines par une autre, fondée sur la perception réelle : celle des rimes *vocaliques* et *consonantiques*, distinguées par la nature du dernier phonème effectivement prononcé (*aimÉe* vocalique comme *aimÉ*, *faiRe* consonantique comme *feR*). Si bien que se recrée un nouveau système d'alternances (*C/V* au lieu de *M/F*), qui tantôt se superpose à l'ancien et tantôt s'en détache, comme on le voit dans ces deux strophes successives d'Aragon dont l'une joue sur les deux alternances, l'autre seulement sur la nouvelle :

> Je vous salue ma France aux yeux de tourterelle   (*F, C*)
> Jamais trop mon tourment mon amour jamais trop   (*M, V*)
> Ma France mon ancienne et nouvelle querelle   (*F, C*)
> Sol semé de héros ciel plein de passereaux   (*M, V*)
>
> Je vous salue ma France où les vents se calmèrent   (*F, C*)
> Ma France de toujours que la géographie   (*F, V*)
> Ouvre comme une paume aux souffles de la mer   (*M, C*)
> Pour que l'oiseau du large y vienne et se confie   (*F, V*)

La nouvelle alternance peut naturellement devenir un élément d'organisation des structures et enchaînements strophiques, comme on l'a vu pp. 76 et 108. Il s'agit en fait d'un système parfaitement viable et complet.

Cependant, pour logique qu'il paraisse, il n'a pas remplacé l'autre, tant sont grandes la force des habitudes et peut-être la conscience vague de la persistance des syllabes en -*e*, même prosodiquement apocopées. Vivant chez quelques représentants modernes d'une pratique de la rime assouplie et libérée, il limite ordinairement ses effets à la chanson ou au poème de fantaisie qui en exploite les libertés et où la rime coule (si l'on peut dire) de source :

> L'empereur Vespasien
> Pissait contre les murs:
> C'était dans sa nature
> Et l'on n'y pouvait rien.   R. DE OBALDIA

L'-*e* caduc ou muet du français reste-t-il à la rime une réalité dans la commune conscience poétique? « Différence byzantine », dit Aragon (*La Rime en 1940*), que celle des rimes masculines et féminines. Max Jacob est plus nuancé, qui dénonce le mythe par la licence outrée, c'est-à-dire en le confessant joyeusement :

> Poète et tambour
> Natif de Colliour
> Je chante l'amour.

(*Collioure* sans *e*, pour assurer la série masculine). La question n'est pas réglée. Raison de plus pour en observer avec quelque soin les incidences sur les structures du discours versifié, avec les formes diverses qu'elles prennent selon les époques, les écoles et d'abord les textes.

Mais on sait que la rime ne se fonde pas seulement sur le principe d'identité dont on vient de voir les applications, les avatars et les conséquences. La rime a en fait une double fonction dans le système de l'énoncé versifié :

— d'une part une *fonction de simple ordonnance*, par la liaison des vers et la marque de leur limite : à cela l'identité seule peut suffire;

— mais d'autre part aussi une *fonction d'association*, par la mise en équivalence des mots que rapproche leur parallélisme de forme et de situation; et là l'identité n'est qu'une partie du mécanisme d'ensemble : à ses effets se combinent ceux de l'opposition des termes ainsi rapprochés,

Principe d'opposition

L'étude de la fécondité poétique des associations amenées par la rime ne relève pas de la métrique. Elle est du ressort de la stylistique, et souvent d'un domaine beaucoup plus large encore. Mais la métrique est intéressée par l'observation des moyens techniques mis en œuvre pour assurer les couplages créateurs d'effets. Ces moyens obéissent à un principe d'opposition, non nécessairement poussé jusqu'au contraste, mais toujours présent dans l'esprit des règles traditionnelles et des pratiques qui en sont l'application ou l'extension. Ainsi l'appréciation des qualités de la rime doit elle compléter l'observation des identités, de leur détail et de leur nature par celle des différences qui nuancent sa fonction d'ordonnance par sa fonction d'association. Et c'est à la mollesse d'exercice de la seconde que se rapportent les termes de rime *facile*, *banale*, *stérile* ou *faible*, selon que l'on juge en termes techniques, artistiques, psycho-linguistiques ou tout simplement normatifs.

Opposition lexicale

L'opposition la plus élémentaire est évidemment une opposition de mots. D'où les condamnations traditionnelles :

— du mot rimant avec lui-même (rime dite *du même au même*);
— des rimes sur mots lexicalement apparentés : substantif et verbe de la même famille (*arme/il s'arme*), simple et composé (*jours/toujours*), composés parallèles (*bonheur/malheur*), même racine (*ami/ennemi*), même suffixe (*lenteur/froideur*).

Condamnations, sans doute, qui se sont pas sans appel. La rime du même au même a aussi ses effets propres, et bien connus :

> Le ciel est, par-dessus le toit,
>   Si bleu, si calme!
> Un arbre, par-dessus le toit,
>   Berce sa palme.   **VERLAINE**

La rime de parenté lexicale n'est pas sans vertu rhétorique :

> Temps jaloux, se peut-il que ces moments d'ivresse,

Où l'amour à longs flots nous verse le bonheur,
S'envolent loin de nous de la même vitesse
Que les jours de malheur?

LAMARTINE

Elle était même fort goûtée de la poésie médiévale sous le nom
de rime *dérivative* — qu'on peut lui conserver :

Car parole que rois a dite
Ne doit plus estre contredite.

C. DE TROYES

Il est facile de comprendre néanmoins le sens du blâme dont
ces types de rime, sauf effets spéciaux, font l'objet. La rime,
si riche qu'elle soit phonétiquement, se trouve en effet comme
appauvrie par la facilité du parallèle. Elle est au contraire
enrichie par la rareté des alliances imprévues. Et c'est de la
tension établie entre le rapprochement phonique (éventuellement soutenu par la graphie) et l'écart lexical que procède une
partie de la subtilité des rapports qu'elle peut créer.

Opposition grammaticale

Le principe s'applique de même aux catégories de la grammaire.
Riment donc encore faiblement :
— les marques de catégorie : *superbement / magnifiquement*
(de sorte que l'ironie de Molière au vers 796 des *Femmes savantes*
porte non seulement sur le style dans l'abus précieux des adverbes,
mais encore sur la métrique même par l'éloge outré d'un défaut);
— les mots des mêmes séries grammaticales: *mien/tien, vous/nous ;*
— les désinences de même type : *trouva/donna, partir/finir.*

L'automatisme des accouplements réduit là en effet l'exercice
de la fonction associative, qui se trouve au contraire élargi par
la différence catégorielle des mots.

Il est remarquable d'ailleurs que, selon les règles mêmes d'inspiration classique, l'identité de la consonne d'appui ramène
licitement à la rime les désinences semblables et leurs facilités;
trouva, mal venu avec *donna*, est reçu avec *cultiva; finir*, peu
goûté avec *partir*, est admis avec *bannir*. C'est souligner le jeu
combiné des deux principes qui régissent la rime, puisque de
tels tempéraments viennent équilibrer la grammaire par la pho-

nétique, en compensant par un supplément d'identité une faiblesse d'opposition.

Opposition sémantique

C'est sans doute la principale, dans la mesure où elle embrasse aussi les précédentes et assure le mieux l'exercice conjoint des deux fonctions d'ordonnance et d'association. Les effets en sont bien connus. C'est le discrédit jeté sur les rimes clichées et pour le sens trop attendues : *campagne/montagne, larmes/alarmes, ombre/sombre, époux/jaloux.* Et c'est le puissant courant qui porte au contraire depuis le XIXᵉ siècle les poètes de la rime à la recherche de combinaisons nouvelles de vocables et de notions : « Vous ferez rimer ensemble autant qu'il se pourra, recommande Banville, des mots très semblables entre eux comme son et très différents entre eux comme sens ».

Mais c'est aussi le principe de l'opposition sémantique qui, minutieusement, dans la poétique classique, nuance l'application de celui de l'opposition lexicale en exceptant de l'interdit qui frappe la rime « du même au même » :

— les homonymes (*nue* adjectif / *nue* substantif 'nuage'),

— les mots identiques à l'origine et différenciés par l'histoire (*pas* substantif / *pas* négation),

— et même les mots de même racine « dont les sens, comme disent les traités, se sont éloignés » (*lustre / illustre*).

Et c'est enfin le même principe de l'opposition sémantique qui dirige les jeux de mots sur la rime, anciens ou modernes, badins ou sérieux :

— rime *équivoquée* des Rhétoriqueurs :

> Ont du plaisir, et liesse abondance:
> On chante, on rit; qui le corps a bon danse.   G. CRÉTIN

mais aussi de Mallarmé :

> Gloire du long désir, Idées,
> Tout en moi s'exaltait de voir
> La famille des iridées
> Surgir à ce nouveau devoir.

— équivoque moderne chère à Aragon sous le nom de *rime complexe*, cette rime « faite de plusieurs mots décomposant entre eux le son rimé » (*La Rime en 1940*), c'est-à-dire décomposant le mot porteur des homophonies, qui tantôt se défait par un processus d'analyse :

> Préfèrent à leur vie un seul moment d'ivresse
> Un moment de folie un moment de bonheur
> Que savent-ils du monde et peut-être vivre est-ce
> Tout simplement Maman mourir de très bonne heure

et tantôt se crée par un processus de synthèse :

> Nous ne comprenons rien à ce que nos fils aiment
> Aux fleurs que la jeunesse ainsi qu'un défi sème
> Les roses de jadis vont à nos emphysèmes

— ou vers *holorimes* des exercices parnassiens :

> Dans ces meubles laqués, rideaux et dais moroses,
> Danse, aime, bleu laquais, ris d'oser des mots roses.

convertis par les surréalistes en recherche des merveilles du hasard — ce qui est exactement pousser l'application logique du principe d'opposition à ses extrêmes conséquences.

Opposition de volume

Il peut même n'être pas indifférent de considérer les oppositions qui viennent ou non s'établir entre les volumes syllabiques des mots à la rime. Apparaît alors la distinction des rimes *isomètres* (c'est-à-dire de même volume syllabique : *bruit/nuit*, *regret/secret*) et des rimes *hétéromètres* (c'est-à-dire caractérisées par une opposition des volumes : *lion/rébellion*, *quai/abdiquai*), avec toutes les nuances possibles entre une stricte isométrie, une hétérométrie modérée (1/2, 2/3 : *morte/emporte*, *clarté/écarté*) et une hétérométrie largement marquée et génératrice d'effet :

> Même jusqu'à Madagascar
> Son nom était parvenu, car
> [...]

BANVILLE

Dans la rime intervient ainsi, outre les autres relations, une combinaison des identités phoniques avec le rapport volumétrique des mots intéressés.

On remarquera tout uniment, et sans qu'il soit besoin d'invoquer pour cela la forme et la substance, que cette combinaison porte de part et d'autre sur des éléments purement matériels (sonorités, volumes) alors que les précédentes alliaient matière (phonique, éventuellement graphique) et éléments intellectuels (composition du lexique, catégories de la grammaire, sens des mots). Il faut donc renoncer, si l'on fait entrer en compte les rapports de volume, à la distinction commune qui fonde le système de la rime sur une relation des similitudes matérielles avec les dissemblances intellectuelles des mots associés. Elle est commode, parlante et partiellement vraie. Mais elle demeure incomplète si l'on essaie de tout considérer. On sait bien que les choses ne sont pas aussi simples.

Le rapport des volumes fait partie des mécanismes d'ensemble dans la mesure où les rimes isomètres relèvent d'un automatisme facile (*cieux/yeux*, *rose/chose*, *entière/lumière*, *moments/tourments*), tandis que les rimes hétéromètres ajoutent aux autres oppositions celle qui naît de leur disparité. Il est d'ailleurs aisé d'observer que l'isométrie va souvent avec les accouplements qui négligent ces oppositions mêmes, qu'il s'agisse des lexicales (*pacifique/magnifique*, *bonheur/malheur*), des grammaticales (*passe/fasse*, *élevé/achevé*), des sémantiques (*colère/sévère*, *ombre/sombre*) ou de plusieurs à la fois, comme il est fréquent dans les vers classiques, y compris les plus célèbres, et par séries entières :

> — Oublions-les, Madame; et qu'à tout l'avenir
> Un silence éternel cache ce souvenir.
> — Ariane, ma sœur, de quel amour blessée,
> Vous mourûtes aux bords où vous fûtes laissée!
> [..]
> — Puisque Vénus le veut, de ce sang déplorable
> Je péris la dernière et la plus misérable.

> — Aimez-vous?
>   — De l'amour j'ai toutes les fureurs.
> — Pour qui?
>   — Tu vas ouïr le comble des horreurs.   RACINE

La rime moderne au contraire, du moins celle qu'élaborent les techniques romantico-parnassiennes, joue sur l'hétérométrie comme sur les autres oppositions :

> Quand tu rejetteras la perle en ton reflux,
> O mer; quand le printemps dira « je ne veux plus
>   Ni de l'ambre, ni du cinname! »
> Quand on verra le mois nisan congédier
> La rose, le jasmin, l'iris et l'amandier,
>   Je le renverrai de mon âme.   HUGO

Ainsi l'histoire de la rime est-elle peut-être d'abord, en dehors de toutes considérations esthétiques sur son éclat sonore ou sa puissance d'évocation, l'histoire de l'importance relative de ses deux fonctions. Là où apparaissent peu d'oppositions, c'est-à-dire là où les rapprochements de mots viennent, dans le système de la langue, d'autres rapports que ceux des sonorités, par l'effet des séries paradigmatiques du lexique, de la grammaire, des significations ou des dimensions, la fonction associative propre de la rime se réduit à peu de chose. Elle est nettement subordonnée à sa fonction d'ordonnance, c'est-à-dire de liaison des vers et de marque de leurs limites. Là où au contraire ce sont essentiellement les identités phoniques qui interviennent pour rapprocher au bout des vers des mots que les autres mécanismes d'association n'eussent pas, sans elles, réunis, les deux fonctions se superposent et se combinent. C'est affaire d'époque, de genre ou d'école, affaire parfois même d'espèce, que la domination de l'une ou de l'autre ou l'équilibre de leur jeu. Les deux en tout cas doivent entrer en ligne de compte dans la perception comme dans l'analyse. Les cadres d'étude précédents ne font que classer des faits bien connus de théorie ou de pratique de manière à circonstancier la description de ces fonctions et de leur exercice.

Correspondances internes

On a vu le principe de ces correspondances dans l'ébauche d'analyse qui formait l'introduction de ce développement sur les éléments sonores du vers (p. 182) : les sonorités internes prennent valeur métrique quand un jeu d'allitérations, d'assonances ou de rimes intérieures superpose de façon perceptible une structure harmonique à la structure rythmique constitutive du vers.

La plupart du temps cette structure harmonique est de caractère aléatoire, qu'elle soit l'effet d'une recherche ou d'une rencontre de hasard. La recherche peut être consciente : elle n'en reste pas moins occasionnelle et passagère. La rencontre aboutit à un bonheur d'expression sensible sans doute, mais fugitif. La structure harmonique demeure secondaire : elle joue le rôle d'un système accessoire, non constant et non déclaré.

Il est cependant des cas où la structure harmonique s'avoue comme système. Ce sont ceux où les correspondances sonores sont destinées de propos délibéré à marquer les articulations du vers, comme il en va de l'ancien vers léonin, dont les hémistiches riment l'un avec l'autre, ou du moderne vers libre des théoriciens symbolistes, dont les « cellules métriques », selon l'expression de Gustave Kahn, sont liées entre elles par un réseau d'homophonies.

Les correspondances sonores internes sont donc à considérer sous deux aspects, *structures secondes* et *systèmes déclarés;* étant entendu que, même dans le dernier cas, le système sonore reste seulement un système d'appoint, adjoint aux structures rythmiques, mais nullement propre à constituer le vers par lui-même.

Structures secondes

Il ne s'agit pas ici de suggestions sonores ou de subtiles synesthésies; pas non plus de quelque tissu harmonique indépendant des cadres du vers. Il s'agit de métrique, c'est-à-dire de voir comment les hémistiches et mesures, organisés en un système premier par le rapport de leurs nombres syllabiques, reçoivent éventuellement une organisation seconde par la distribution des correspondances sonores, qui établit entre eux un autre système de liaison assurant la cohérence phonique de l'ensemble.

On touche toujours avec ces questions de sonorité, quelque effort qu'on fasse au demeurant pour les ramener prudemment au plan métrique, un domaine délicat, où il est aussi facile de tomber dans l'artifice que dans le ridicule. C'est pourquoi il est souhaitable qu'on tâche de s'y garder également de la simplesse et de la subtilité. Le langage a son arbitraire; la phrase, ses contraintes; le vocabulaire, ses hasards; et il serait aussi vain de trouver partout, à coups de corrélations sollicitées, des structures imaginaires que de béer devant les liaisons sommaires que parodie la critique d'humour :

> Le geai gélatineux geignait sous le jasmin   R. DE OBALDIA

En fait les règles de raison semblent ici être les suivantes :

1) Élucider les formules harmoniques quand on en perçoit l'existence en tant que constructions cohérentes; ne pas les chercher gratuitement.

2) Les considérer par référence aux structures rythmiques du vers, seul repère solide et seule assurance contre les combinaisons subjectives ou artificielles.

Les constructions peuvent être à base vocalique (assonances) :

— Par répétition simple :

> Mais suave, de l'arbre extérieur la palme   VALÉRY

(liaison des hémistiches par l'assonance *Arbre/pAlme* et des mesures du premier hémistiche par l'assonance *suAve/Arbre*);

— Par combinaison :

> Isolant la torsade aux puissances de casque,   VALÉRY

(système croisé des assonances toniques des quatre mesures : *isolANt/torsAde//puissANces/cAsque*);

— Ou par modulation plus délicate sur les formules comparées des mesures :

L'élixir de ta bouche où l'amour se pavane :   BAUDELAIRE

(jeu sur la structure combinée des timbres vocaliques :

É I I / E A OU // OU A OU / E A A

mesures 1 et 4 opposées par un mouvement inverse : fermeture maximale redoublée *É-I-I* | ouverture maximale redoublée *E-A-A ;* et, dans l'intervalle, modulations parallèles presque semblables d'ouverture et de fermeture : *E-A-OU* | *OU-A-OU*). L'explication des formules harmoniques requiert évidemment ici une analyse phonétique d'une technicité toujours encombrante. Jusqu'où sert-elle seulement les vraies impressions de la nature ? Où commencent l'artifice et la cuistrerie qu'il traîne avec lui ? Là plus encore qu'ailleurs les tentations d'une science pesante, et souvent fausse, sont à soumettre au contrôle salutaire du sens du ridicule et des réactions du goût.

Les constructions peuvent être à base consonantique (allitérations) :

— Par répétition de consonnes modulée sur les reprises et variantes des voyelles qui les soutiennent :

Son navire est coulé, sa vie est révolue.   VIGNY

c'est-à-dire, en scansion réelle :

Son navi/r(e)-est coulé,// sa vie / est révolue.

(liaisons des mesures 1 et 3 par les allitérations en *S* et *V*, des mesures 2 et 4 par les allitérations en *R* et *L*, et reprise de l'essentiel du dessin consonantique de l'ensemble sous la forme *R V L* par la dernière mesure elle-même);

— Ou par correspondance entre séries consonantiques, reliant entre eux hémistiches ou mesures :

Un pur esprit/ s'accroît// sous l'écor/ce des pierres.   NERVAL (permanence de la base $S\ R$ et correspondance de ses combinaisons en séries embrassées :

$$S\ P\ R\ /\ S\ K\ R\ //\ S\ K\ R\ /\ S\ P\ R$$

ce qui assure la stabilité phonique de l'ensemble).

Mais, la plupart du temps, c'est sur la double matière, vocalique et consonantique, que portent les constructions :

Le feu clair/ qui remplit// les espa/ces limpides.   BAUDELAIRE

— Assonance en *i* entre les voyelles toniques des deux hémistiches (*remplIt | limpIdes*) : liaison seconde des hémistiches;
— Allitération du groupe combiné « occlusive + liquide » à la finale des mesures 1 et 2 (*CL/PL*) : liaison des mesures constitutives du premier hémistiche;
— Allitérations groupées sur profils consonantiques correspondants des mesures 3 et 4 :

    les espa/ces limpides
    L SP / S L P

donc liaison des mesures constitutives du second hémistiche;
— Organisations consonantiques correspondantes dans les mesures 2 et 4 :

    remplit / limpides
    PLI   /L PI

donc liaison encore de ces deux mesures, peut-être renforcée au surplus par la corrélation « vibrante / liquide » (*R/L*) et celle des voyelles nasales (*AN/IN*) sur laquelle elle s'appuie.

Les éléments de la structure rythmique du vers sont ainsi l'objet d'une série de correspondances sonores qui en font, dans le cadre de cette structure même, un ensemble harmoniquement cohérent. Il est assez remarquable que beaucoup des vers traditionnellement considérés comme « harmonieux » participent de cette organisation :

Témoins/ de nos plaisirs// plaindront-ils/ nos misères?   RACINE

Composition complexe peut-être, mais sans mystère :

— Double allitération d'attaque des mots de part et d'autre de la césure : *PLaisirs* | *PLaindront ;*

— Liaison par assonance tonique des mesures 2 et 3, avec, pour qui la sent, corrélation finale « vibrante | liquide », *nos plaisIRs* | *plaindront-ILs ;*

— Symétrie de structure sonore des deux mots opposés à la césure et à la rime (symétrie dite « en miroir ») : *ÈZI* | *IZÈ ;* et liaison consécutive des mesures 2 et 4, c'est-à-dire correspondance finale des hémistiches, au surplus soulignée par un encadrement identique des dessins symétriques (*NO — R* | *NO — R*);

— Et peut-être ligne générale des assonances et allitérations nasales sur tout l'ensemble.

Certains de ces types d'organisation sont évidents. D'autres demandent, pour être élucidés, quelque attention et quelques connaissances. Mais tous ne prennent réalité métrique que s'ils s'appuient sur les cadres rythmiques et s'ils se fondent sur une perception confuse peut-être, mais effective; cette perception que justement l'analyse a pour objet d'éclairer, mais qu'elle ne saurait remplacer sans risque de tomber à faux.

Systèmes déclarés

Les structures sonores sont ordinairement des structures secondes et occasionnelles. Mais une exploitation systématique peut se faire des liaisons qu'elles établissent entre les groupes rythmiques du vers.

On ne comptera pas ici les simples jeux de vocabulaire sur similitudes phoniques internes, qui entrent, comme les correspondances externes du même ordre (*cf.* p. 186), dans la technique des Grands Rhétoriqueurs, et qu'on ne rappellera que pour mémoire :

— rime *couronnée*, qui répète la syllabe de rime :

> Guerre a fait maint chatelet laid
> Et mainte bonne ville vile.
>
> J. MOLINET

et même qui répète plusieurs syllabes :

> Si ne crains point les temps divers d'hivers;
>
> G. CRÉTIN

— rime à *double couronne*, par double répétition de ce genre, l'une à la rime et l'autre à la césure :

> Trop de vent vend,// et met nos ébats bas;   G. CRÉTIN

— rime *emperière* (‹ impériale ›), qui triple la syllabe de rime :

> Qu'es tu qu'une immonde, Monde, onde?
>
> cité par T. SÉBILLET, *Art poétique françoys*

— rime *emperière* ('impériale'), qui triple la syllabe de rime :

> Qu'es tu qu'une immonde, Monde, onde ?
>
> cité par T. SIBILET, *Art poétique françoys*

— figure *dérivative* interne, qui se construit sur les mots de même famille, et survivra aux Rhétoriqueurs mêmes, comme le montrent tel quatrain de Pibrac :

> Pense un peu quels pensers tu pensois en enfance,
> Et quels pensers depuis d'âge en âge tu as;
> En pensant ces pensers, pensif tu penseras
> Que pour penser à Dieu tout est vain ce qu'on pense.

ou, plus légèrement, tel hémistiche de Ronsard lui-même :

> Vaisselles et vaisseaux que l'artisan burine,
> 'vases'

Ce ne sont là qu'effets de style, dans la réalisation desquels les homophonies sont certes soulignées par la distribution des accents, mais non mises en rapport délibéré avec la structure métrique du vers.

Plus important est le cas de l'ancien *vers léonin*, c'est-à-dire du vers dont les hémistiches riment ensemble [1], comme dans cette épître de Lyon Jamet à Marot :

> Tout clairement // dis-moi comment
> Tant et pourquoi //tu te tiens coi

Il est instructif en effet de considérer l'attention qui lui est portée — pour le proscrire — par la poétique classique. Malherbe censure chez Desportes une organisation telle que celle-ci :

> Et qu'il fallait partir // sans jamais revenir.

---

1. Se méfier des confusions entre *vers léonin* et *rime léonine*. *Cf*. p. 192.

Et la critique fait, pour ce qui regarde les hémistiches, la chasse même aux rimes qui n'en sont pas selon les règles de l'art, qu'il s'agisse des consonnes finales graphiques ou du « genre métrique » des mots. Cette homophonie de Corneille ne serait pas appelée rime s'il s'agissait de lier deux vers (pas d'homographie des consonnes finales, *cf*. p. 199).

> Ont jadis dans mon camp // tenu les premiers rangs.

Pas davantage celle-là (différence de genre métrique *cf*. p. 203) :

> Jusqu'au dernier soupir // je veux bien te le dire.

Ces accouplements sont néanmoins considérés comme des rimes quand ils se réalisent d'hémistiche à hémistiche, et on les y regarde comme d'un fâcheux effet ; comme le prouvent, outre la condamnation qui les frappe, les procédés courants employés pour les éviter, telle ici l'antéposition de l'adjectif, qui n'a sans doute pas pour motif la seule recherche du chiasme :

> De ses trompeurs appas // le charme empoisonneur   VOLTAIRE

Nous insistons un peu sur ce point parce que ces réactions sont, comme celles qui concernent les autres rimes intérieures du type batelé ou brisé (*cf*. p. 189), caractéristiques des conceptions traditionnelles de la rime et du rôle en poésie des correspondances sonores. La raison donnée de la proscription de la rime entre hémistiches est que celle-ci donne l'impression d'une division du vers en deux vers plus courts. Loin donc d'être considérée comme cimentant l'unité du vers par l'adjonction des rapports sonores aux rapports accentuels et syllabiques, elle est accusée de la rompre ; et sa présence, jusque chez un Hugo :

> On fait du ténébreux avec le radieux ;

participe avant tout d'une recherche rhétorique qui tire une part de sa force des effets de l'exception et de la conscience de l'écart par rapport à une norme presque immuablement suivie. C'est dire que, dans cette perspective, la fonction première de la rime est sa fonction d'ordonnance dans la distinction et la liaison des vers ; mais aussi que les correspondances sonores internes ne sont pas consciemment comprises dans le système, puisque, si celui-ci les souffre à la rigueur diffuses et de hasard, marginales et non intégrées, rhétoriques et non métriques, il n'en admet ni l'apparence quand elle se précise, ni le rôle quand il s'avoue. L'intégration délibérée des structures sonores internes dans le système du vers sera un fait de poésie moderne.

Dans le mètre moderne de forme régulière, en effet, la rime déborde à nouveau de la fin du vers pour s'annoncer et se préparer à travers tout un réseau d'homophonies internes, où le vers léonin retrouve un rôle soit encore rhétorique en même temps qu'harmonique :

> Dans ce cœur qui s'écœure ;   VERLAINE

soit de pur appel sonore :

> Tristement dort une mandore   MALLARMÉ

tantôt appuyé dans ses effets en franche rime intérieure, comme dans les derniers exemples, tantôt plus voilé en assonance enrichie, à la limite de la rime sans la franchir tout à fait :

> O jour qu'Hérodiade avec effroi regarde !   MALLARMÉ

tantôt en simple assonance, mais sans aucun doute possible sur la liaison des hémistiches :

> Quel enfant sourd ou quel nègre fou   VERLAINE

De même se multiplient, de propos délibéré et non plus par rencontre, effet de style ou bonheur de hasard, hors des articulations majeures proprement dites, les rimes internes, assonances, allitérations, corrélations diverses, qui soudent entre elles les unités du vers aux différents niveaux, mesures secondaires (c'est-à-dire non terminées par la césure et par la rime finale) :

> Une sono/re, vaine // et monoto/ne ligne [1].   MALLARMÉ

---

1. On ne reprend pas le détail des correspondances : les techniques d'analyse présentées ci-dessus (pp. 216 *sq.*) peuvent s'y appliquer.

mesures entre elles et mesures avec les hémistiches :

> Qu'ils sont beaux,/ de mes bras// les dons vas/tes et vains !
>
> VALÉRY

ou membres rythmiques des structures ternaires :

> Nulle des nym//phes, nulle ami//e ne m'attire   VALÉRY

Si bien qu'au travers même des techniques de construction sonore du vers régulier peut se préciser, se confirmer ou s'illustrer l'idée vers-libriste du vers unité rythmo-harmonique, combinaison autonome d'éléments rythmiques associés entre eux par des correspondances sonores. C'est celle que développe Gustave Kahn dans ses écrits doctrinaux (Préface des *Palais nomades*, dans la réédition globale dite *Premiers Poèmes*, de 1897), qu'il met en pratique dans sa création propre, qu'il étend même à sa définition de la strophe (pour lui libre séquence de vers unifiée par des rappels rythmiques et sonores) et qui, associée à la répudiation des mètres syllabiques uniformes et de la prosodie réglementée, constitue la base de la théorie du vers libre de la fin du XIXe siècle et du début du XXe.

Les exemples donnés par Kahn lui-même ne sont pas dépourvus de quelque raideur didactique :

> Des mirages de leur visage garde le lac de ses yeux.

Et il faut, pour illustrer la théorie avec bonheur, la force simple de Verhaeren :

> Dans les étables lamentables
> Les lucarnes rapiécées
> Ballotent leurs loques falotes.

la délicatesse de touche de Vielé-Griffin, nuançant par de discrètes variantes l'effet trop voyant des pures homophonies :

> Comme un reflet de fleur au fleuve

ou la greffe surréaliste, sur les alliances sonores, d'alliances inouïes d'images et de mots :

> Toi ma patiente ma patience ma parente
> Gorge haut suspendue orgue de la nuit lente   ÉLUARD

La question néanmoins reste posée de savoir si c'est cela l'essence même du vers libre — et du vers tout court. Innombrables sont les vers libres qui ne correspondent pas à la théorie de la liaison des groupes rythmiques par les correspondances sonores et qui sont orientés par d'autres appels que ceux de l'harmonie, soit que leur tracé suive l'enchaînement des images, soit qu'il obéisse aux suggestions du mouvement. Et d'autre part la proportion des vers fondés sur la correspondance des structures rythmo-harmoniques n'est pas plus importante dans le vers libre que dans le vers régulier — sauf recherches particulières, mais celles-ci, comme on l'a vu, existent aussi bien dans les deux cas.

Si bien que les systèmes sonores, même déclarés, restent eux-mêmes à l'état d'organisations secondes, non permanentes et non essentielles, le rythme demeurant la seule constante, le fondement de la conscience du vers, et fournissant en tout état de cause le dernier mot de la description qu'on en peut faire. C'était aussi, on l'a vu, le premier.

Bibliographie

On se bornera à quelques indications générales, sans entrer dans le détail des études particulières de matières ou d'auteurs.

Une bibliographie d'ensemble, centrée sur la question du rythme, a été dressée par nos soins sous le titre *Pour une étude rythmique du vers français moderne, Notes bibliographiques*, Paris, Minard, 1963. Le titre et la date en marquent les limites : des informations générales, mais pas de documentation spécialisée sur des questions telles que rime, strophe, formes des poèmes ou types de vers ; renseignements limités d'autre part aux publications antérieures à 1963 ; donc dépouillement à compléter.

Les traités usuels de métrique française ont longtemps été ceux de Maurice GRAMMONT :
— *Le Vers français, ses moyens d'expression, son harmonie*, Paris, Delagrave, 2ᵉ éd. 1947 ;
— *Petit Traité de versification française* (résumé du précédent), Paris, Colin, dernière éd. revue 1989.
Toujours précieux, mais maintenant anciens et très discutés sur certains points (mouvement du vers, harmonie poétique), ils datent nettement.

Les traités classiques pour les études universitaires sont actuellement :
W. Theodor ELWERT, *Französische Metrik*, München, Max Hueber, 1961, 2ᵉ éd. 1966; traduit sous le titre *Traité de versification française, des origines à nos jours*, Paris, Klincksieck, 1965.
Frédéric DELOFFRE, *Le Vers français*, Paris, Société d'édition d'enseignement supérieur, 2ᵉ éd. 1973.

Elwert : ordre analytique; Deloffre : ordre historique; mais l'un et l'autre également utilisables sur un double plan : Elwert grâce aux précisions historiques données matière par matière, Deloffre grâce à un index qui permet de reconstituer de période en période l'ordre systématique des matières.

Au niveau scolaire — mais aussi fort au-delà, compte tenu de la qualité pédagogique de l'ouvrage — on retiendra, pour sa partie métrique :
Henri BONNARD, *Procédés annexes d'expression*, Paris, Magnard, 1981.

L'histoire du vers français reste à faire. F. Deloffre la résume dans le traité ci-dessus mentionné. Mais seules les origines et la période médiévale ont été étudiées en détail dans :

Georges LOTE, *Histoire du vers français*, 3 volumes parus : 1, Origines, Paris, Boivin, 1949; 2 et 3, Moyen Age, Paris, Boivin, 1951, et Paris, Hatier, 1955; et :

Michel BURGER, *Recherches sur la structure et l'origine des vers romans*, Genève, Droz, 1957.

L'ouvrage de Lote, qui est pour sa plus grande part un ouvrage posthume, présente les avantages et les inconvénients de ce genre de publication : conservation respectueuse des détails, mais manque de recul et de critique d'ensemble. L'ouvrage de Burger, plus concis et plus net, est, par son sujet même, moins largement ouvert sur l'histoire du vers français proprement dit. Les deux sont à comparer pour l'histoire des origines. Deloffre en reprend les données principales et fournit un clair tableau des évolutions ultérieures.

Les règles du vers traditionnel, dont la connaissance demeure indispensable car c'est par référence à elles que tout se raisonne et se fait, peuvent être facilement retrouvées dans :

Louis QUICHERAT, *Traité de versification française*, Paris, Hachette, 2ᵉ éd. 1850.

Les mécanismes du vers moderne sont démontés dans :

Henri MORIER, *Le Rythme du vers libre symboliste*, Genève, Presses académiques, 1943-1944 (3 volumes); ouvrage dont le premier volume fournit d'autre part toute une théorie d'ensemble du vers français.

La terminologie métrique fait l'objet de nombreux articles — et les notions qu'elle couvre, l'objet de larges commentaires — dans :

Henri MORIER, *Dictionnaire de poétique et de rhétorique*, Paris, Presses universitaires de France, 2ᵉ éd. 1975.

Les théories et doctrines des différentes époques sont analysées de façon précise, avec choix de citations à l'appui, dans :

Yves LE HIR, *Esthétique et structure du vers français d'après les théoriciens du XVIᵉ siècle à nos jours*, Paris, Presses universitaires de France, 1956.

Discussions modernes de doctrine et de méthode dans :

Benoît de CORNULIER, *Théories du vers*, Paris, Seuil, 1982 ;
Henri MESCHONNIC, *Critique du rythme*, Paris, Verdier, 1982 ;
Jean MOLINO et Joëlle GARDES-TAMINE, *Introduction à l'analyse linguistique de la poésie*, Paris, Presses Universitaires de France, 2 vol. 1982-1988.

Exercices d'analyse métrique dans :

Michèle AQUIEN, *La versification*, Paris, Presses Universitaires de France (« Que sais-je ? »), 1990.

Index terminologique

Les chiffres renvoient aux pages où sont expliqués par des définitions ou des exemples les termes techniques qui font l'objet de la présente liste.

TABLE DES MATIÈRES

I.M.E. - 25-Baume-les-Dames - Dépôt légal Décembre 1990 -
N° éditeur 9888 - 7e édition